营地里的学习与成长

王 博 编著

郑州大学出版社

图书在版编目(CIP)数据

营地里的学习与成长 / 王博编著. -- 郑州：郑州大学出版社，
2023.12

ISBN 978-7-5645-2559-0

Ⅰ.①营⋯ Ⅱ.①王⋯ Ⅲ.①青少年-课外活动-研究
Ⅳ.①G632.428

中国国家版本馆 CIP 数据核字(2023)第 139235 号

营地里的学习与成长

YINGDI LI DE XUEXI YU CHENGZHANG

策划编辑	张彦勤	封面设计	苏永生
责任编辑	刘　莉	版式设计	苏永生
责任校对	张彦勤	责任监制	李瑞卿

出版发行	郑州大学出版社	地　　址	郑州市大学路40号(450052)
出 版 人	孙保营	网　　址	http://www.zzup.cn
经　　销	全国新华书店	发行电话	0371-66966070
印　　刷	河南龙华印务有限公司		
开　　本	710 mm×1 010 mm　1 / 16		
印　　张	6.75	字　　数	109千字
版　　次	2023年12月第1版	印　　次	2023年12月第1次印刷

| 书　　号 | ISBN 978-7-5645-2559-0 | 定　　价 | 28.00元 |

前言

亲爱的读者：

很高兴向您介绍《营地里的学习与成长》！这本书基于我多年来在营地教育领域的观察和经验总结，旨在为营地教育者提供宝贵的参考资料和灵感源泉。

在如今快节奏和高压的社会中，越来越多的人开始关注孩子们的全面发展和健康成长。教育者和所有关心下一代的人都渴望为孩子们创造一个积极、有趣、富有挑战性的学习环境。而营地教育正是这样一个独特的教育方式，它融合了团队游戏、自然体验和项目学习等体验式学习方法，为孩子们提供了一个丰富多样的学习平台。

本书旨在向您展示营地教育是如何通过丰富的活动和体验来激发孩子们的学习热情和个人成长的。无论是户外探险、篝火晚会，还是团队合作、领导力培养，都能为孩子们提供难得的机会，让他们探索自己的潜力，培养自信心，培养与他人合作的能力，以及掌握解决问题的技巧。

这本书介绍了营地教育的核心理念和教育方法，并提供了经典的团队游戏、自然体验和项目学习的案例。您将了解到如何设计和组织这些活动，以及如何引导学生在其中获得深入的学习体验。

无论您是一位营地教育者，还是一个对儿童及青少年教育充满热情的人，我相信这本书都能为您提供新的思路、实用的指导和启发。希望本书能成为您在营地教育实践中的得力助手，帮助您为儿童及青少年打造一个充满快乐、有益和有意义的学习环境。

最后，衷心感谢所有致力于营地教育事业的教育者、引领者和实践者们。你们的无私奉献和辛勤工作，让营地教育更加精彩和有意义，让孩子们得以在营地里学习与成长。我相信,通过共同努力,我们能够为下一代创造一个更美好的未来,让每个孩子都能获得全面的发展和健康成长。

祝愿您在营地教育的道路上取得巨大的成功,并带领更多的孩子追寻成长的足迹!

王 博

2023 年 7 月

目录

1

第一章　营地活动与学习

第一节　为成长而学习

一提起学习，或提到学习的概念时，你会想到什么？课程、老师、考试、作业、学校和教室？这些都是学习的重要方面。每个人从幼儿园、小学到中学甚至大学的学习，几乎都是在学校内和教室里发生的。在传统的课堂上，学生排排而坐，被动接收着来自老师单方面的信息，并通过反复背诵、练习和考试，获得新的知识和技能。当然，随着教育理念的更新，当下的课堂大多已经开始重视以学生为中心，增加学生课堂合作学习的比重，老师的角色也不再是单一的灌输者。"给学生一杯水，自己先要有一桶水"的思想也不再被强调。很多老师转变角色，成为引导、辅助和支持学生学习的角色。随着教育技术的拓展和变革，学习的途径更加多元化，利用手机、平板电脑获取信息，开展远程在线学习或线上线下混合式教学，在很多地区都已经成为学习的常态。

然而，无论技术如何革新，理念如何更迭，无论是在学校课堂内，还是远程在线学习，现今学生大部分的学习活动仍是以系统的课程或特定的任务为主线，有着明确的学习目标和严密的考评体系，大部分学习活动都是围绕学历升级而展开的。

可是，这就是学习的全部吗？

显然不是，有些领域的学习无关学历和升学，但是关乎视野的拓展、情绪的发展、品格的养成、素养的提升和个人的成长。遗憾的是，这些关乎一个人一生的素养、能力和品质，在我们常规的教育模式下并不能得到很好的发展。

举例来说,当前的学习模式更侧重智力的发展,更注重知识概念的传递,并通过考评来检验学习的效果,这就造成学生更关注竞争,忽视彼此之间的支持与合作,缺少对身边人甚至对环境、对世界的感知和关爱。这种以自我为中心的取向,会很大程度上影响其对他人情绪的感受,夸大自己的情绪体验,从而产生更多情绪管理的问题,"巨婴"现象也会越来越多。同时,学生过度依赖课堂和书本上的知识,与真实的生活情境脱离,他们为了考试而学,缺少解决实际问题的能力。虚假的情境,会造成学生思维狭窄,好奇心和创造力缺失,从而缺少持续探究和终身学习的动力。此外,学生的精神世界和内心世界无法在竞争的学习环境中得到关照,儿童逐渐丧失童心,青少年缺少精神和活力,年轻人越来越迷茫,没有目标和方向。近年来,抑郁症在年轻人中十分普遍,年轻人因患抑郁症而自杀的比例也越来越高。

为了让学习能够指向学生的成长,我们需要思考当前重说教而轻实践、重道德灌输而轻情感体验的学习模式的局限。学生的学习活动太多是在教室中完成,学生的学习过程太多是通过纸笔的训练完成的,缺乏真实的、体验式的、实践式的、触及内心和精神成长的学习。

为了让学习能够指向学生的成长,我们不能一刀切地在不同年龄阶段采用统一的教学策略和方法。不同时期的儿童及青少年,在认知能力、身体功能、情绪体验、道德水平等方面有着不同的发展特点和成长需求。我们需要结合这些成长规律,创设学习任务和情境,让学习回应成长的需求。

这就需要我们去打破教室的围墙、学校的边界,让学生走到户外、走到大自然中去学习。学习不仅仅是40分钟的一节课,课程也不应被割裂成语文、数学、物理、化学……指向成长的学习,不分学科,没有时间的界限,在生活里、社会中,在全球乃至广袤的宇宙范围内,任何素材都可以成为教材,任何有目标的学习都可以有机地组织成为课程。

第二节 户外大自然对于学习的重要性

一、儿童成长中大自然的缺失

现实很残酷。现今儿童的生活与学习脱离自然、脱离真实世界的情况非常严重。哪怕是在户外的活动游戏时间,都变得非常可怜。2012 年,中国儿童中心在北京、上海、广州、西安、合肥 5 座城市开展了一项儿童参与户外活动的调查。每个城市调查取样来自不同区域、不同层次的 4 所小学,力求相对全面地反映城市儿童户外活动的真实状况,共有 5 441 位小学生参与了调查(男女比例近 1∶1)。调查从儿童户外活动基本情况(包括户外活动的时间、内容、玩伴、场地、态度等)、儿童户外活动认知情况(包括户外活动饮食习惯、受伤应急处理、清洁卫生等)、儿童户外活动的影响因素及儿童户外活动效果 4 个维度进行调研,最终形成《中国城市儿童户外活动蓝皮书》,首次全方位地揭示了我国儿童户外活动的基本状况。

该蓝皮书显示:即便有 79% 的小学生家长支持孩子户外活动,但随着孩子年龄的增加,家长对户外活动的支持度和孩子对户外活动的参与度都有不同程度的下降。半数孩子认为自己不参加户外活动的首要原因是作业太多,这一人数比例随着年级的增高而逐渐增加。平时放学后,部分孩子每天户外活动时间可达到 1 小时,但尚有 27.7% 的被调查孩子不足 1 小时。对比之下,却有 12.45% 的儿童每天看电视、玩电子游戏的时间超过 2 小时。周末,儿童平均每天花 1.8 小时看电视、玩电子游戏,超过 2 小时的儿童多达 48%。寒暑假时,儿童每天看电视、玩电子游戏的时间平均为 2.32 小时,超过 2 小时的儿童多达 61.4%。随着年级的升高、学业压力的加重,户外活动时间减少了,但看电视、玩电子游戏的时间并没有减少。同时,调查还发现儿童不仅日常户外活动的时间少了,日常户外活动中消极活动比例较高,有 25% 的孩子平时把散步作为首选的户外活动。小区空地成为儿童平时户外活动的主要阵地,能够到公园或附近的运动场所活动的儿童仅占 10% 左右。此外,超市、商场也是户外活动的主要场所之一,13.7% 的儿童周末跟随父

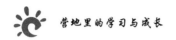

母去超市、商场等购物场所。

澳大利亚统计局在 2012 年也做过一项全国范围的调查,调查结果显示:5~14 岁的儿童中有 34% 在调查的前 2 周内没有参与任何户外活动,15 岁以上的人群平均每天花在运动或户外活动上的时间仅为 21 分钟。

从上述调查中不难看出,城市儿童的成长是远离大自然的。即使是户外活动,也大多是被动的,缺少自然元素的。2008 年美国学者理查德·洛夫通过实地调查和文献研究,在《林间最后的小孩》一书中指出,当前的儿童普遍患上了"自然缺失症",即儿童与自然的割裂所带来的一系列问题。儿童缺乏对自然的渴望、缺少关于自然界的知识,皆因缺乏时间到户外,特别是乡野田间所致。洛夫认为,"自然缺失症"虽不是一个严格意义上的临床疾病,但是儿童依然要为远离自然付出代价。

二、大自然缺失的后果和代价

远离户外,大自然缺失会有哪些后果和代价呢?

第一,儿童长期宅在室内,身体大部分时间保持静止,肥胖、近视问题明显增多,相关的身心疾病的发病率逐渐上升。儿童的肥胖或身体运动功能减弱,还会使其形成消极的自我形象,尤其是处在青春期的儿童会十分关注自我形象,进而会造成自尊偏低等一系列心理问题。

第二,由于长期宅在室内,户外活动减少,相应的社交活动也会减少,儿童的社会性发展会受到影响,表现在与他人的沟通、合作、竞争等技能不足,比较以自我为中心,更愿意表现自己,或在团队面前比较退缩,缺少团队或集体的意识,缺少对他人和团队的责任心。

第三,由于长时间过度消耗注意力在电子产品上,儿童在其他方面的注意力往往比较涣散,不能集中精力看书学习或集中精力开展某项活动,表现出对事物的兴趣不足,做事的毅力和持续性不足。注意力的问题还会进一步影响其学业成绩,甚至导致厌学等问题。

第四,由于缺少对真实世界、大自然环境的感知和接触,儿童的感知能力逐渐削弱,对周围事物敏感性和兴趣降低,转而过度关注自我的感受,变得越来越以自我为中心,难以控制自己的情绪。同时儿童缺少对身边环境和自然界的尊重,也逐渐发展成缺少对身边人的关注和尊重,缺少同理心。很多"巨婴"便是这样"养成"的。

第五,由于儿童在使用电子产品时,只需要被动接受,不需要过多的主动思考,加之远离自然后,儿童对大自然缺乏观察,缺少与大自然互动的经验,导致儿童的创造力明显匮乏。儿童表现出来的对周围世界的认知和理解不够成熟且脱离实际,也跟其缺少真实自然的感受有关联,这也影响着他们解决问题的能力。

第六,由于儿童缺少在大自然中感受惊奇、震撼的高级情感,以及缺少对多元的美的欣赏,儿童的审美能力和审美意识严重不足。缺少对美与丑的判断,也是缺少对善与恶的分辨的源头。

第七,儿童缺少在大自然中获得灵感的体验,更多的是被快餐文化洗脑,因此精神会逐渐空虚,对周围事物兴趣减弱,最终导致抑郁水平逐渐上升。

第八,儿童缺少对自我的挑战和冒险的精神。天天处在"温室"里生活的儿童,一定感受不到冒险和挑战所带来的快感和刺激,也感受不到经历挫折和痛苦之后的成长蜕变。被过度保护的儿童,抗挫折能力较差,难以快速适应不断变化的社会和世界,缺少遇到困难迎头解决的勇气,更不用提具体的解决问题策略、决策判断能力等。

…………

大自然缺失的代价还有很多。以上只是罗列了一些在个人层面会给儿童带来的影响。在群体层面,或者说在社会层面,当未来的一代人都远离自然,缺失自然的体验,可想那会是一个怎样的社会!

三、儿童活动空间的去自然化

儿童究竟是如何一步步被束缚在室内,远离自然的?

随着时代的变迁,儿童的活动在空间上发生了巨大的变化——从乡野间的自然环境过渡到精致的都市,儿童与自然的接触被逐步压缩,儿童与自然的联结被逐步割裂。这种变化过程中,儿童被动而茫然地丧失了真实的体验,身体和精神都被束缚起来。

具体来说,在城市大规模扩张之前,大部分儿童可以在广阔的乡野田间等自然环境里自由地活动。活动场地宽阔,地形条件多变,自然元素丰富,这些都刺激和激发着儿童的创造力与好奇心。这种原始的自然环境没有精巧的设计和边界,但有着丰富的空间形态,是一个混沌的开放地域。儿童不需要带有任何目的进入自然环境,也不会受到任何空间法则的制约。儿童在自然环境中的活动通常是生成性和创造性的。这种乡野的自然环境在空间上链接着儿童的生活区域,在时间上链接着儿童的记忆与成长。儿童的生活世界、情感体验、玩耍乐趣等共同交织成为儿童丰富的童年世界,也注定在其精神世界中打下深深烙印。

在城市不断扩张的进程中,自然环境被高楼大厦所取代,儿童的游戏空间被钢筋水泥所阻断。城市里车多人多,出于对安全的考虑,儿童不再有机会自由玩耍,逐渐退居于高楼林立的狭窄空间之中。典型的活动空间变成了街道弄堂、社区公园或游乐场。由于空间变得相对固定,能够开展的活动类型也大幅减少。一些游乐场所或公园借助机械游乐设施来刺激儿童的身体感官。这种体验是被动的,儿童缺少情感的交流和丰富的体验。更重要的是,儿童的活动逐渐成为一个独立事件,与生活慢慢割裂。空间清晰的功能化区隔直接作用于儿童的身体和精神世界,儿童时刻感知空间中的界限,各个感官与自然环境的接触被阻隔,对身边的自然元素越来越不敏感——这也是儿童越发以自我为中心的源头。

随着科技的发展、电子产品的普及,以及家长对儿童安全的焦虑和担心,儿童的活动空间被进一步压缩。大量的儿童活动空间转移到了餐厅或商场中。在这些狭窄、不见阳光的空间里,儿童被钢铁、塑料组成的游乐设施所包围。这些人工设备营造的环境和创设的主题不利于儿童产生丰富的想象力。此外,电子产品的普及让儿童更习惯待在家里,儿童的活动进一步虚拟化、去同伴化、去情境化。儿童的精神审美和情感体验慢慢消失。儿童与自然中的阳光、气息、生命的联系被切断。

儿童活动空间的不断压缩、不断去自然化,也许折射了城市化发展和科技进步的弊端。我们要意识到,在大自然中的学习和生活才是真正顺应儿童成长与发展规律的。

四、户外自然环境对儿童成长的重要性

自然环境中的元素是自然物,如各种形态的生命,以及阳光、空气、岩石、溪水、土壤等。自然环境区别于人造的空间与环境,如教室、写字楼、房间、川流不息的街道等。当然,在我们周围,原始的没有人造痕迹的自然荒野十分稀少。一些经过人工改造过的自然景观,如营地、森林、公园等,也是比较理想的自然环境。需要注意的是,自然环境与户外环境并不完全一致,区别在于,户外环境可能是高度人工化的,如铺满塑胶的操场;而自然环境应包含尽可能多的自然生态和自然元素。

为什么在户外自然环境中的游戏和学习能够促进儿童的发展呢? 户外自然环境中的哪些因素顺应了儿童学习的天性和规律呢?

第一,户外自然环境中充满了各种新奇和未知,它能满足儿童的求知欲望和探索的好奇心。户外自然环境是开展探究式学习的绝佳场所,通过启发性的问题,激发儿童的兴趣和探索精神,进而形成对已有经验的深层次的理解。儿童在探究的过程中,选择不同的方法策略去观察、分析、判别,并结合过往经验与同伴展开交流、分享和谈论。相比而言,人为组织的教学材料或电子产品所呈现的学习材料,往往是预设的单一思路和经验的呈现,其内容远不及大自然丰富。

第二,自然环境中的自然元素(如植物、土、水)是儿童游戏的素材和资源,能激发儿童的创造力,促进儿童的认知发展。相比于人工制造的游乐场所,在充满自然元素的环境中儿童的游戏更加复杂、多元,时间也更长。可供游戏使用的自然元素大多可移动、没有明确的用途,如棍子、绳子、贝壳、石子、沙子等,它们可以单独使用或与其他材料一起使用,这些游戏材料被称为松散部件。显然,大自然中有诸多松散部件的原始材料,儿童可以通过各种方式使用这些没有固定用途的材料,利用它们进行各种创作,运用创新思维实现自己游戏和学习的目标。这些活动都可以让儿童的认知能力、创造力得到显著提升。

第三,户外自然环境可以为儿童提供丰富的情感体验。自然环境具有开放和多元化的特点。它不仅是酝酿儿童创造力的土壤,更能给儿童带来

丰富的情感体验。自然中一年四季的变化，各种生命和自然现象的美妙和精致，可以让儿童体验到惊奇、赞叹、敬畏等深层次的情感；同时自然中的开阔壮观，可以让儿童感受到内心的平静或震撼的冲击。这些丰富的情绪体验构成了儿童审美的基础，也是儿童发展同理心的基础。

第四，户外自然环境可以为儿童提供冒险的机会。与人为组织的教学或游戏环境不同，自然中充满了未知的不确定，儿童可以在安全的范围内，调动身体参与游戏和学习，并展开冒险。在户外自然空间中，儿童的身体可能会受到一些意外的伤害，但正是这些未知风险的存在，可以让儿童学会自我保护，学会判断和决策，以及解决问题，同时能够锻炼儿童的意志、品质，培养他们的勇气和独立性。这些都是儿童在过度保护的人工空间里较难学习到的。

因此，相比在室内以脑力发展为主的学习或依托电子产品的被动学习，大自然能为儿童提供更丰富的学习素材、更多元的可能性，从而使儿童在学习过程中将身体、情感和精神全方位地投入。户外自然环境的生活、游戏和学习场景，势必对儿童的全面健康发展提供诸多益处。

从实证研究的角度来看，目前也有大量研究证明，儿童多次、持续接触户外自然对其身、心、灵的全面发展有益。例如，儿童在自然环境中玩耍，可以收获身体上的锻炼、积极情感的发展、社会性发展、整合感、大脑结构和认知能力的改变，最终成为合格的环境友好公民。儿童与自然环境中的生命（植物、动物等）接触，可以促进儿童的社会情感学习（social emotional learning），如同理弱者、理解生命的多元。儿童与自然接触，还有助于建立地方感。地方感（sense of place）是指个人对某个地方的依附感，以及该地方对于自己的意义。地方感的建立对于人们保护和关爱这个地方，起着至关重要的作用。此外，接触荒野自然的青少年，可以发展出生态自我认同。生态自我认同（ecological identity）是生态健康的显著指标之一，而生态健康是全人健康的重要组成成分。通过对自然生态的观察、思考和体验，青少年可以深层次地理解和定义自己，找到自己存在的意义。例如，从自然生态的稳定与平衡、生命往复和死亡循环中，感悟自己生命的意义和价值。

综上所述，无论是实践层面，还是实证研究层面，都支持让儿童及青少年回归自然环境,去接触自然,在其中生活、游戏与学习。这不仅仅有利于儿童及青少年的认知发展与学业成绩,更重要的是在户外自然环境中游戏与学习能够发展儿童及青少年的人格、情感和价值观,丰富他们的精神世界。在自然环境里,儿童及青少年也更容易发现自我和生命的意义。

第三节 营地中的个人成长地图

本书在后面章节中所要探讨的指向成长的学习,发生在户外的大自然中,发生在营地里。

营地,从空间上来讲,它有广阔的户外空间和自然环境,但它不仅仅是一片户外的区域和几间营房。广义的营地可以延伸到大自然里,延伸到真实的社会中。例如,在一些城市环境教育课程或活动中,整个城市就是一个营地;在进入深山的徒步活动中,荒野就是一个营地。营地是所有可以进行真实体验、深刻探究的地方。从空间上来讲,真实的世界和大自然就是最好的营地。

营地,从所承载的内容来讲,不是一门门割裂的学科课程。在营地里进行的教学不是换了个没有围墙的地方,仍在执行条条框框、事先预设好的课程。营地所承载的内容是包罗万象的,与生活密切相关的。因为真实的生活和大自然本身就是包罗万象的,我们可以在自然中活跃身体、充实精神、寻找灵感、获得顿悟。

在营地中的学习,不同于教室里的学习,它有几个显著的特点。第一,身处户外,接触自然。自然既是身心活动和游戏的场所,又是无形的老师。儿童以大自然为师,在与山涧河流嬉戏、与丛林动物密语的过程中,学习自然发生。第二,真实的体验和探索驱动着经验的构建。在营地中的学习没有老师的灌输和枯燥的背诵练习,所有的学习都是通过身心的充分投入来完成,学习的效果更持久。第三,学习的目标是成长。营地里的体验和探索并非漫无目的,也不等同于肆意玩耍。在营地中,围绕成长的目标设置体验任务和探究的情境,学习才可能真正发生。这些成长的目标包括身体、心理和精神性的,涵盖认知、情感、社会性、道德、语言、审美等诸多领域的发展。第四,体验的任务或活动具有一定的挑战。这种挑战可能是外在的,对身心舒适圈的超越;也可能是内在的,对自我局限的超越。挑战背后可能是恐惧,也可能是信念的解构与重构,如果不能跨过这些挑战,成长也就不可能发生。第五,营地的学习通常伴随着团体的动力。儿童在一起协作探究、合作共创、共同生活的过程中,完成指向成长的学习。学习的过程离不开团体,真实的生活亦是如此。

针对当前学习模式的局限,针对儿童宅在室内、电子产品依赖、远离自然的现状,营地教育的发展应该有清晰的定位,那就是为儿童提供自然成长的空间和可能性,借助各种形式的课程和活动,注重发展儿童的人格、情感和价值观,丰富他们的精神世界,帮助他们在自然里发现自我和生命的意义。

儿童及青少年在营地里的成长学习至少有如下3条路径。

首先,儿童及青少年通过营会里的团队游戏和团队生活,构建个人素养。儿童及青少年来到营地,活动和生活都与同伴在一起。在这个过程中,他们会体验离开父母独立生活的经历,从而锻炼独立性,提升抗挫折能力;通过协作和解决问题,完成一系列的挑战性任务,自己的能力可以贡献给团队,从而获得成就感,并锻炼和发展领导力;与同伴彼此包容,互帮互助,分享快乐,建立友谊。本书第二章将会介绍营会中团队游戏的种类、设计方法、背后的体验式学习理论,以及带领团队活动的引导与反思技术,同时,介绍儿童及青少年可以着重发展的几类核心素养。

其次,营地为儿童及青少年提供了接触大自然的机会。他们可以通过自然体验的活动或课程,提升自己的感受力和觉知能力。通过观察、感受大自然,恢复其过度消耗的注意力和压力,心灵复归平静安宁。同时,大自然中多元的元素可以激发他们的好奇心、想象力和创造力,并丰富他们的情感和审美,充实他们的内在精神。基于对大自然的深切感受,他们逐渐摆脱与自然的割裂,恢复与自然的联结,进而提升其保护和热爱环境的意识和动力。本书第三章将介绍营会中可以开展的自然体验类的活动,组织和设计活动时所要遵循的流水学习法,以及与儿童及青少年分享自然的引导技术,同时,介绍他们可以从自然体验中学习到的社会情感技能和将会收获的精神成长。

最后,营地活动可以带领儿童及青少年去探索真实的世界,让他们直面真实世界和真实生活中的问题。通过项目学习,儿童及青少年将会受真实问题的驱动,去自主搜集信息,学习相关的知识和技能,积极探索解决问题的方案,并最终将方案应用在实际中。这种学习模式将整合学生碎片化的知识和技能,最大限度激发他们学习的内驱力和主动性。本书第四章主要介绍营会中开展项目学习的方法、学习项目的设计流程、学习过程的监控等关键技术。同时,介绍了儿童及青少年可以通过项目学习培养解决问题的能力素养。

以上3条途径所构成的儿童及青少年的成长地图,涵盖了发展心理学领域个人发展的多个维度。例如,团体游戏和团体生活侧重儿童及青少年的身体和社会性发展;自然体验活动侧重他们情绪和精神领域的发展;项目学习过程侧重他们的认知发展。需要澄清的是,每个人的发展都是整体性的、综合性的。任何一类活动,都会触及一个人各个领域的发展。只不过在本书的每一章节,介绍每一类营地活动时,会针对儿童及青少年的某些发展领域有所侧重,以突出这类活动的特色。

接下来的几章,在介绍不同类型的营地活动时,都会有相似的结构。每一章都会介绍这类活动的典型特征、学生的学习方式和成长目标,同时介绍这类活动背后的理论基础,以及营地教育者开展此类活动的关键技术,最后附以典型案例。相信各章的介绍,能够更加丰富当下营地教育中的不同活动类型,让儿童及青少年的学习能够真正在营地里的户外大自然中发生。

第二章　团队游戏与儿童及青少年的素养构建

第一节　团队游戏的价值

一、通过团队游戏构建能力素养

你试过让一群即将进入青春期的男孩子安静地坐下来,卓有成效地聊上满满50分钟吗?进展如何?这可能有点苛刻,是吧?大多数父母、老师都一直不厌其烦地试图与儿童及青少年交谈,灌输一些他们认为重要的东西,但往往收效甚微。实际上,我们需要想一些办法,例如,让儿童参与一些游戏或者活动,通过全身心的体验,他们一定会有一肚子话想跟我们分享。这一肚子话,其实就是他们某些方面的能力素养得到提升或发展之后的感悟。体验性的团队游戏活动能给儿童及青少年提供机会去行动,去"体验"一些我们希望他们去思考和认识的事物,以及我们希望他们建立起来的能力素养,这会比单纯地让他们谈论想法更有效。

儿童及青少年在成长的过程中,需要发展很多能力素养。这些素养,诸如人际沟通、组织协调、分析判断、自我反思、坚持尽责等,能够帮助他们面对日常的困难,解决身边的问题,迎接未来的挑战。但这些素养是如何习得的呢?例如,儿童及青少年可能需要学会在人际冲突中应用不同的策略化解危机,为了习得这一能力,我们常规的做法可能是举一个人际冲突的例子,让他们讨论冲突的起因,分析如何解决,在解决过程中可以有哪些策略,讨论不同策略的后果,甚至可以让他们模拟人际冲突的情境,进行角色扮演,并对他们的解决方法和决策过程提供反馈。但这种讨论或模拟的方法往往收效甚微。大部分儿童及青少年在讨论或角色扮演的过程中,往往都能说出许多的解决策略,但在现实中,却不会运用。"起冲突后换位思考,考虑别人的感受,互相道歉"等大道理,他们都能说出来,他们很懂得成人想要什么结果。但是,真正去做到这些,往往很难。

因此,与其让儿童及青少年讨论在人际冲突面前如何抉择,不如设置一个任务情境或做一个游戏,让他们在完成任务的过程中真实地产生一些人际冲突。他们可能真的会用到不同的策略和决策方法去解决冲突,并且效果各异。我们不妨给他们充分的时间和机会去练习和尝试不同的策略,并亲自体验不同策略所引发的效果。最终,他们通过真实体验,会领悟不同决策技巧在解决冲突时导致的"逻辑结论",在下一次再遇到人际冲突时,会根据实际情况,选择最恰当、最有效的策略和决策方法。这种学习,显然比直接讨论和模拟要真实得多,记忆也深刻得多。在这个过程中,"如何在人际冲突面前决策"这一能力素养,才被很好地习得,并终生难忘。

上面例子中所呈现的方式,几乎适用于儿童及青少年各种能力素养的发展。如果我们让儿童及青少年有机会一起做一项有目的的活动,或者体验一个团队游戏,他们就有了可供借鉴的共同经验。他们在日后遇到类似情境需要面对、需要行动的时候就会说:"这就像我们当初玩×××时一样。""×××"指一个团队游戏或者一项任务活动。他们遇到新的挑战时,就会回忆曾经做过的活动和游戏,并能够自然运用在游戏中所积累的能力素养,尤其当这个活动既趣味性十足又氛围轻松时,他们便会更容易将新的情境与参与过的游戏活动联系起来,因为这在情感上是更安全的。

总之,儿童及青少年的能力素养是为了应用于实际。它不同于死记硬背所习得的知识,也不同于书本里的逻辑推理。因此,能力素养的习得不是"纸上谈兵",而是在真实的实践中积淀下来的。在营地里,通过真实的团队生活,有趣、有挑战的团队游戏,儿童及青少年会有全新的经历。通过体验、观察、反思、转化,这些经历方能内化成他们自己的能力素养。

二、不同视角下团队的价值

相比传统的学习方式,通过团队游戏或团队生活来学习有哪些价值呢?

换句话说,为什么团队本身对儿童及青少年十分重要呢?

首先,儿童及青少年参加团队游戏或团队生活时,他们的自我效能很可能会得到增强。自我效能是社会学习理论框架下的一个重要概念。它是指一个人对能够完成一个或一系列特定任务的期望或信念。在一些特定领域,自我效能比能力更重要。自我效能低下会阻碍儿童及青少年在社会和学业上的发展,自我效能较高则会促进他们的自尊,这也是衡量幸福的重要因素。自我效能有三大主要来源——成就表现、替代性学习和言语劝说。通过参与团队活动,如果儿童及青少年能够完成挑战任务(成就表现),同时观察其他人完成任务(替代性学习),并且获得活动过程中自己的行动和态度方面的反馈(言语劝说),那么他的自我效能就会得到提升。这种自我效能也能泛化到团队游戏任务之外的其他领域。

其次,我们也可以从人本主义的角度来阐述团队的价值。遵循人本主义的团队游戏活动一定是以参与者为中心的,参与者可以在游戏活动过程中自由安全地表达感受,参与者的不同表现也都会被接纳,参与者能够在信任和接纳的氛围中找到自己的定位,清晰自己的优势和短板,从而不断提升对自我的认知。

团队游戏活动之所以奏效,也是由"团队"本身的特点和可能性所决定的。儿童及青少年处于团队中时,团队本身的内部动力就可以对他们发挥作用,其中包括希望灌输("我可以更好")、普适性("其他人也有这种感觉")、信息传递("我可以向他人学习")、利他主义("我关心他人")、发展社会技巧("我可以和他人建立联系")、人际学习("我可以从与你的互动中学习")和团队凝聚力("我是其中一员")。当儿童及青少年在建立了某种团队凝聚力后尝试共同去解决问题时,他们会强烈地感受到自己是其中一员。当他们处于复杂的人际关系中顶着压力去解决问题时,他们从交流互动中得以学习。他们可能会感受到一种"经历共享"感,觉得整个团队都有着共同的经历,从而更有信心去完成任务,并相信自己的感受是有价值的。

此外,从认知行为主义的角度来看,团队游戏能够帮助参与者转变他们的思考模式、阐明认知扭曲,还可以为行为实践提供一个环境,让他们在真实的世界里找到新的行为方式。从阿德勒学派的视角讲,团队游戏和团队生活可以让参与者和教育者建立良好的关系,帮助他们探索自己的生活方式,练习解决问题和沟通的技巧。简言之,团队本身所具有的价值确保了儿童及青少年可以从中获益,为他们的成长和发展提供了新的可能。

第二节　能力素养清单

很多人认为以团队游戏为主导的营地活动,就是让儿童及青少年尽情地玩耍,收获快乐与友谊。这没有错,但是更重要的,作为一种教育手段,团队游戏是有教育目的的。儿童及青少年通过亲身参与体验团队游戏,会感受成败、面对挑战、彼此分享,从而发展出他们在团队中相互协作、建立互信、解决问题等方面的能力素养。这些能力素养是他们日后的学习、生活所必备的。

下面罗列一份清单,里面包含6个大的素养目标和50个小项的阐述(序号及后面字母作为该素养标记符号,便于后文描述)。我们需要做的是,在开展以团队游戏为主导的营地活动之前,思考清楚每一个活动、每一个游戏将对应什么素养目标,儿童及青少年除了收获快乐外,还可以收获什么。在活动的组织和带领过程中,尤其是在游戏活动的分享环节,我们可以以这些目标为指引,来促进孩子的反思与成长。

需要说明的是,这份清单只涵盖了一些经典的素养目标。读者可以选择其他你认为儿童及青少年需要发展的素养并细化它,并通过团队游戏带给孩子们。

▲素养目标一　提升沟通和人际关系处理技巧

1A. 展现对基本沟通技巧的理解,并能应用基本沟通技巧(如识别非语言暗示、传递自己的想法)。

1B. 条理清晰并建设性地表达感受。

1C. 识别并接受他人的感受。

1D. 条理清晰并建设性地表达想法。

1E. 积极聆听他人。

1F. 展现信任他人的意愿。

1G. 培养建立关系和维持关系的技巧。

1H. 识别和处理来自同伴的压力。

1I. 利用沟通技巧化解矛盾。

1J. 识别对他人帮助的需求,发展寻求帮助的能力。

1K. 识别并表达需求和愿望。

1L. 培养有效参与团队活动的能力。

▲素养目标二　提升自我觉察和自我接纳程度

2A. 探索个人的态度和价值观。

2B. 识别并认同个人的积极特质、才能和成就。

2C. 培养识别负向自我对话的能力。

2D. 培养将负向自我对话转化为正向自我对话的能力。

2E. 欣赏自身的与众不同。

2F. 发展对自己的积极态度。

2G. 识别个人的边界、权利和隐私需求。

2H. 确认个人角色和社会角色。

▲素养目标三　发展并应用问题解决技巧和决策技巧

3A. 设立个人目标。

3B. 识别问题。

3C. 展现理解问题解决步骤和决策步骤的能力(处理信息,探寻替代方案和后果,规划和采取行动)。

3D. 评估决策。

3E. 处理日常生活中的变化和转折。

3F. 利用决策技巧化解冲突。

3G. 将决策技巧应用于生活情境。

3H. 展现有效应对问题的技巧。

3I. 识别来自同伴的压力会如何影响决策制定。

3J. 培养找到替代方法的能力,用于解决问题和实现目标。

▲素养目标四　提高对多元性的理解和重视程度

4A. 识别和欣赏个体差异。

4B. 培养对自身文化的理解和欣赏。

4C. 作为个人或不同文化团体中的一员,展现对他人的尊重。

4D. 认同并欣赏不同文化的相似之处和差异。

4E. 识别刻板印象对人际关系和对他人态度的影响。

4F. 展现对不同观点的尊重。

▲素养目标五　展现出持续的负责行为

5A. 对个人责任付出承诺。

5B. 确认某个行为是否合理和负责。

5C. 以合理和负责的方式采取行动。

5D. 培养应对压力的技巧,以承担更大的责任。

5E. 通过自律和自我控制展现负责行为。

5F. 合理管理时间。

▲素养目标六　提升与学习相关的积极态度和技能

6A. 培养作为学习者的效能感和信心。

6B. 以有所成就为荣。

6C. 将错误视为学习过程中的一部分。

6D. 应用时间管理策略和任务管理策略。

6E. 认同努力和坚持有利于学习效果的提升。

6F. 展现一定的可靠性和自主精神。

6G. 培养分享知识的能力。

6H. 培养批判思维能力。

第三节　团队游戏的组织与引导

一、遵循团体动力的规律开展团队游戏

团队游戏的设计、选择和组合十分重要,不仅要能创造真实的场景和挑战,激活儿童及青少年的潜力,帮助他们发展能力素养,还要遵循团体动力的规律。当儿童及青少年进入营地,他们会从彼此陌生的状态,逐渐形成一个稳定的团队。在这个过程中,团体动力慢慢形成。经过 Tuckman 和 Jenson 等人的研究,以及实践经验证实,团体动力的形成主要分成以下 5 个阶段:初始阶段、震荡阶段、规范化阶段、表现阶段和转换阶段。在不同的阶段,团队游戏的设计与选择有不同的侧重。

（一）初始阶段

在这个阶段,参与者彼此是客气的、保持开放和好奇的,大家需要一段时间彼此熟悉,通过破冰,逐渐从每个独立的个体形成一个群体。这个过程开始于大家进入营地后第一次开始集合的时刻。营会的开幕式、营地教育者的欢迎致辞、正式或非正式游览营地、了解营地设施等环节,都是初始阶段的一部分。在这个阶段,儿童及青少年作为团队成员,只是试图认识其他成员,以及了解自己该如何参与营地安排的活动。在这一阶段,团队逐渐形成一种安全与接纳的氛围,并充满了新鲜感。一些有助于帮助大家破冰和彼此熟悉的游戏一般在这个阶段开展,来加速形成安全和接纳的氛围。

破冰活动和游戏需要趣味性十足、不具威胁性,强调以成功为导向。在活动中,趣味性是重中之重。参与者甚至可以被要求稍微"装装傻"(但不要傻过头了,否则就太有挑战性了,尤其是当参与者还不太了解组里的其他人时)。破冰者可能会要求参与者袒露一些无关紧要的私人信息,或者将其置于冒险性最小的人际情境中(如从椅子上起身、来回走动、扔球)。这是建立关系的第一步。因此,破冰活动是理想的不具威胁性的活动。它是一种邀请参与者加入团体的方式,提供给他们一个互相了解、分享有趣经历的机会。小组可以在参与者的欢声笑语、肢体动作和共同分享过程中推进。破冰活动的目的并不是竞争,因此不会有太多力争成功的压力。破冰活动还有一个主要目标是为参与者提供机会了解营地导师。营地导师需要给参与者树立信任感和共享目标感,让参与者认为营地导师是一个有趣的人,不具有威胁性。这样,参与者才更可能尽快地敞开心扉。另外,破冰游戏能帮助营地导师有机会收集关于参与者的信息,如参与者之间的关系、言语交流的情况、一般合作情况、场面可控情况、自我感知情况及其他各种变量。这些信息有助于营地导师为这个团体制定更适合的游戏方案或设计体验环节。

总之,在初始阶段,破冰活动可以为其他活动提供一个桥梁,为后续其他更具挑战性、人际交往风险性或竞争性的活动做铺垫。也可以作为初步的评估活动,为后续带领活动提供有用的信息,如这是一个什么样的群体、这个群体当前的性格倾向如何。当然,也可以作为独立活动进行有效推进,引导小组成员讨论和学习,以实现目标。无论如何,让儿童及青少年在此过程中获得乐趣和安全感是最重要的。

(二)震荡阶段

随着团队的逐渐形成,新鲜感逐渐消失,冲突和竞争会在团队中逐渐蔓延开来。彼此熟悉之后,一些看似无关紧要的事情开始变得重要起来,于是冲突就会出现。在这一阶段,参与者有的沉默不语,有的控制欲极强,大家应对冲突的方式各不相同。尽管参与者都在有意无意回避这个阶段的冲突,但是这种冲突和紧张也是一个考验团队的好机会。如何应对和度过震荡阶段对于团队成员来说是至关重要的。因此,这一阶段的游戏活动可以包含一点压力,从而能够帮助他们“打破”心照不宣的焦虑,一起讨论到底发生了什么。这个阶段的活动往往具有一定的挑战性,每一个活动之后都需要有合适的时间在团队内进行讨论,以帮助大家打破僵局。

打破僵局的游戏活动由于具有一定的压力,往往会使参与者变得更加脆弱。因此,如果使用打破僵局的游戏活动作为初始阶段的活动,一些参与者可能会选择退出,因为一定程度的压力会使他们感到不舒服,与自己不熟悉的人相处造成的尴尬同样使他们感到不舒服。

打破僵局的游戏活动虽然会显得有些愚蠢,当然这里的愚蠢是褒义的,但是这类游戏活动更强调乐趣和不懈努力,而非成败得失。之所以打破僵局的游戏活动要设计压力和小风险进去,是为了增加参与者对团队的承诺。这些小风险可能包括自我表露的程度加大,以及在他人面前表现自己的"无能"。因为所有的参与者都在同一条船上,他们都在揭露或尝试自己从未尝试过的事情。在此之前,他们从未觉得有尝试的必要,通过尝试,大家可以共同促进团队的发展。这种共享经历和初始信任的构建也能让后续的团队更具有凝聚力。此外,当参与者被置于更具挑战性或更愚蠢的情境中,团队的合作和支持氛围便能够凸显出来。虽然参与者可能会遭遇一些轻微的不适和/或挫折,但这对于让他们离开舒适圈,进入新的团队有重要的意义。

像破冰活动一样,打破僵局的游戏活动也可以被理解成重要的桥梁活动(向其他可能更激烈的活动过渡)和评估活动(一种收集团队成员显著信息的方法),并且也可以作为有效的独立活动。打破僵局的游戏活动需要营地导师进行更多的引导和推进,以达到特定的目标,并控制住局面,以防有参与者在这个阶段产生不适而退出活动。总之,让参与者获得乐趣和对团队的归属感仍然是更重要的。

(三)规范化阶段

在团队震荡结束后,团队会迎来喘息,从而进入第三阶段。虽然团队还没能取得更好的表现,形成合力,但是团队内部已经开始去解决一些漏洞,不断磨合,并开始出现一些好的事情。在这个阶段,团队会出现一定的凝聚力,并且开始建立信任,团队成员开始产生一些创造力并获得一些技能。在规范化阶段,我们可以开展一些鼓励分享、信任构建和技能构建的游戏活动,以帮助团队逐步进入正轨。

信任类的游戏活动为参与者提供一个将个人身心安全交付给他人的机会。信任活动通常包括身体上和口头上的参与和互动。该活动让参与者有机会获取他人的信任,从而证明自己不仅值得被信任而且也信任他人,也让其他人有机会去证明自己是值得托付的。在信任游戏活动中,参与者可以学习让别人依靠自己是什么感觉。信任活动通常很有趣,但也可能有一点点恐惧。信任活动在某些情况下也需要团体成员的支持与合作,来照顾他人的安全。信任类的游戏活动往往在破冰活动和打破僵局活动之后。如果一开始就使用信任活动显然是危险的。在要求人们为他人安全负责(这经常出现在信任活动中)之前,或让他人为自己的安全负责之前,人们先去知道彼此的名字并产生一定程度的舒适感和熟悉感会比较好。破冰活动和打破僵局活动可以推进小组发展,以使这个阶段的信任活动可以相对舒适。

(四)表现阶段

随着团队成员彼此的信任和凝聚力逐渐加强,团队整体的执行力和生产力逐步提高,团队能够给参与者提供一种团结、认同、相互依赖和自主的感觉。团队作为一个整体,拥有完成任务所需的所有技能、资源和才能,以迎接更大、更高的挑战。这个阶段的游戏活动能够充分发挥参与者的各项能力技能,因此也是培养他们构建素养的最好时机。这阶段游戏活动的完成需要多项高级技能和素养,并需要通过团队协作努力,挑战性往往非常高,从而能最大限度激发所有团队参与者贡献自己的能量。一些培养热情的游戏活动也通常很有帮助。

挑战性的游戏活动需要依靠前面几个阶段游戏活动的铺垫,团队作为一个整体,通过破冰活动、打破僵局活动和信任活动已经获得了一些成长,团队中的每个参与者都具备了一些基本素养,如信任、支持、幽默、接纳、包容等。挑战性的游戏活动,要么是一个待解决的问题,要么是一项待完成的任务。这个问题或任务通常是小组成员共同的问题,需要成员之间进行有效的沟通、合作和妥协,这些解决问题或完成任务所需要的技能和素养也是儿童及青少年参与该营会所需要发展和成长的核心目标。当一个团队已经形成和发展到表现阶段,共同的团队意识可以促进团队解决问题或完成任务。挑战性任务的特征是一定要让参与者感受到压力。这些解决问题和应对挑战的压力情境与现实生活应该有很大的相似之处。这样,当儿童及青少年完成任务后,他们也能将在此过程中发展出来的能力素养更容易地迁移到实际生活中。当然,还有另外一个重要的提示:挑战性的游戏活动也需要在充满乐趣的情境中发生。

(五)转换阶段

在经历了团队的高光时刻之后,团队进入转换阶段。在这一阶段,儿童及青少年作为参与者有机会通过分享和反思,明确并巩固所收获的能力和素养。他们会在尝试新的行动后从他人那里得到反馈,从而能够更清楚自己的行动会给他人带来什么感受,更明确他们已经或可能做出什么样的改变。这些能力素养的获得,成为参与者未来前进的动力、未来生活的锦囊。参与者在这一阶段后,将与团队脱离,也可能再形成一个新的团队,开启一轮新的循环。这个阶段的游戏活动,可以一起庆祝大家的收获,肯定各自的付出,帮助大家反思成长的方向。不同的团队成员可能以不同的速度经历这个最后阶段,因此不需要急于结束。对于一些团队成员来说,他们可能体验了迄今为止最高光、最丰富的一段时光,因此总会有很多话要说。

至此,我们描绘了儿童及青少年进入一个以团队游戏为主导的营会之后,所经历的团队从形成到使命达成的典型历程。基于对团体动力的认识,每一阶段都可以开展有针对性的团队游戏活动,以匹配团队发展的节奏。本节后面的部分将会介绍不同年龄阶段儿童在经历上述团队历程时的差异,以及不同游戏活动操作的一些注意事项。同时,将会着重探讨"引导与反思"环节的引导技巧。本章的第四节,将会展示一些具体的针对不同阶段的团队游戏案例。

二、遵循年龄发展阶段开展团队游戏

儿童及青少年在不同的年龄阶段,身心发展水平也不尽相同。在设计团队游戏的时候,也需要考虑他们的发展需求和年龄特点。

我们可以将儿童及青少年的发展阶段划分为小学低年级、小学中高年级、初中和高中。针对每个发展阶段,游戏活动要解决的发展问题不同,游戏活动的挑战性也不尽相同。

(一)小学低年级(1~2年级)

对于小学低年级儿童来说,他们比较活泼好动,喜欢玩耍,因此团队游戏非常适合这个年龄段的孩子。只需记住几件事便可确保这个年龄段的儿童可以在游戏活动中得到最多的收获。在破冰游戏环节,他们希望成年人能让他们自由活动,允许他们"犯傻"。但是,如果他们觉得自己已经知道游戏的规则,你却要求他们以一种不同的规则去玩游戏,这就有点难办了。这个时候你要让他们相信,新玩法要比他们已知的玩法更有趣。许多小学低年级儿童愿意玩信任游戏,因为他们还没学会质疑。你需要确保他们能够认真对待他人的安全,不会做傻事,否则可能会导致活动过程中发生意外,例如,撞到墙或是撞上其他人。挑战性游戏活动需要制定合理的挑战性任务,因为他们不像大孩子那样,能想出各种各样的对策去应对比较复杂的任务,因此需要平衡他们的成就感和潜在的挫折。此外,这个年龄段的儿童还没有形成"男女授受不亲"的思想观念,因此让他们做一些需要牵手的活动也没问题。

与年龄大一些的孩子相比,小学低年级儿童需要更多的结构。这意味着,在做活动指示时,你需要做出更明确、更具体的解释,因此在一些有意将指示模糊化的活动中,你需要对这些指示加以调整,以确保孩子们能够理解将要发生的事情。这样你就可以避免把本就有限的时间都用来解答疑问。和小学低年级儿童一起活动时,有必要把小组规模缩小,或者将大的小组划分为次级团体,一般来说每个分组 3 ~ 4 人为宜。可能的话要给各个分组配备一个成年引导者,如果无法实现,你可以邀请孩子们的老师、家长或者社区人员参与活动,这能让团队活动更加丰富,使整个活动更有意义,因为这些成年人对该年龄段的孩子们十分重要。

这一发展阶段的儿童大多只关注此时此刻的事情,因此在引导与反思环节可以聚焦他们刚刚发生的体验。虽然他们已经渐渐开始摆脱早期童年以自我为中心的意识,但有时仍然很难去考虑他人的认知和情感。所以,让他们考虑别人对某种情况的想法或感受,通常是徒劳的。这个年龄的孩子还没有形成抽象思考的能力,因此在反思的时候,将活动进程具体化应该会更有效,例如,"玩这个游戏的时候,你最喜欢的是什么?"或者"玩这个游戏的时候,你觉得哪些部分比较难?"这样提问可能效果会好一些。

(二)小学中高年级(3 ~ 6 年级)

小学中高年级儿童是团队游戏活动的最佳参与者。他们了解自己的感受,愿意并且有能力谈论自己的感受。他们已经开始具备洞察自己和他人的能力,喜欢与他人积极互动,特别是与同龄人进行互动。这个年龄段的大多数儿童都愿意参加并享受上述几种类型的游戏活动。破冰活动和打破人际隔膜的活动可以认为是对犯傻和肆意玩耍的准许,所以他们非常喜爱。

然而,这个年龄段的儿童比年幼的儿童更容易形成自我意识,所以有时他们可能抵触一些过于夸张的、令人尴尬的活动。这个年龄段的孩子(尤其是5、6年级的学生)不太喜欢成为人们关注的焦点,所以一些夸张的讲故事的方式可能并不能受到青睐。小学中高年级儿童在很大程度上仍然很信任别人,所以他们通常愿意参加信任活动。你需要意识到哪些孩子可能会做出鲁莽的事情,或者做一些危及同伴的事情。对于那些对自己或他人的安全漠不关心的儿童来说,需要安排人来监督他们的行为,给出安全提示并纠正危险行为,从而确保不会存在伤害的情况。你还需要了解哪些儿童的过往经历让其难以相信他人。对于认为信任游戏活动压力太大的儿童来说,最好让他们不再参与,或者让其和一名他们信任的成年人组成伙伴。挑战性的游戏活动似乎是这一阶段儿童的最爱。他们喜欢解决问题,并且问题越复杂越好。我们倾向于从更容易的挑战开始,以培养他们的自我效能感和与他人合作的能力,然后再开展更困难的挑战。在该年龄段,大多数儿童已经形成了应对压力和挫折的策略,但他们可能仍然需要提醒,以便在这类活动中应用这些策略。

这个阶段的儿童不喜欢单独和成年人坐在一起聊天。他们更喜欢和团队在一起,尤其是该年龄段更年长的儿童。随着他们的成长,同龄人群体的重要性不断增加,同龄人的影响逐渐取代成年人的影响,同龄人对自己的包容和接纳成为许多儿童的期待。他们关心同伴对自己的想法和感受,他们希望在团体中找到自己的位置。

该年龄段的儿童开始与异性保持距离,并且已经开始意识到自己对别人的吸引力,所以涉及异性接触的活动可能会很棘手。为了避免孩子们在活动中握手时出现过度的反应,可以让他们握着绳子或袜子之类的中介物,而不是握着彼此的手。当然,如果游戏活动非常有吸引力,也不会出现有关触碰的异议,因为团队成员都在专注于解决问题。

这一阶段的儿童在游戏活动中不需要太多的结构,但他们仍然需要一些结构。你需要为他们提供指示,但指示可以不必太清晰。通常可以考虑先给出指示,然后让他们提问,确认指示是否清晰。在该年龄段,儿童通常需要某种指导来决定谁先去,谁在哪个小组等;可以创造性地告诉他们如何做决定,如根据生日、头发长短、跳高动作的高低等进行分组。一般团队内有6~8个儿童就可以有效开展活动。如果儿童数量太少则会缺少一种团体感,太多则无法确保每个人都能充分参与(这对该年龄段儿童来说很重要)。同样非常有帮助的是,让一个成年人在小组中领导引导与反思的活动流程,例如,让想发言的人说话、点出发言不太积极的人、跟进那些似乎需要加深理解的回答、确保不会只让一两个儿童垄断发言。需要提醒的是,成年人存在的目的不是为儿童解决问题,也不是做很多自我表露,他们参与越少,对儿童越有益。他们的工作是让儿童集中注意力,提供团队结构,确保一切都朝着积极方向发展。

这个年龄段的儿童有着广泛的认知和情感能力,他们中的一些人能进行抽象推理并发表深刻的个人见解,而另一些人则不能。对于那些能够做到的儿童,向他们提问更复杂的问题,如责任、个人界限、文化差异和刻板印象等,这将有助于他们更好地了解自己和他人。对于其他思维更具象的儿童,可以提出一些不太抽象的问题,例如,"你喜欢这个活动的什么?""你从这次活动中学到了什么?""这项活动有什么压力?"即使那些对抽象探究不感兴趣或没有能力处理的儿童,你仍然可以问一些问题,例如,"你对此感到有什么压力?"或者"你采取什么策略来应对压力?"在团队中分享提问,需要确保每个人都有机会发言,而且每个人都愿意倾听。另外,要注意孩子们的非语言表达。如果他们对你的问题感到无聊或不想思考,就不要再继续提问,需要开始玩游戏。有时候,分享反思的过程越简单越好,很多体验根本不需要太多引导,体验本身就足以引发思考。

(三)初中

在初中阶段,儿童发展水平的跨度比其他任何时期都大。有时他们会以成年人的方式行事,有时行为举止又好像学前班儿童。似乎该年龄段的儿童唯一可以预测的就是他们的不可预测性。他们时而有洞察力,时而敏感,时而迟钝,时而冷酷无情。他们可能在这一分钟还十分脆弱,下一分钟就变得像一座设防的城堡一样坚固顽强。他们可能在这节课上活跃发言,而在另一节课上却默默无言。对于这个年龄段的儿童来说,最重要的是要依据其当下状况来开展交流,而不是对他们做一些提前的预判。

　　该年龄段的儿童可能会出于尴尬而对打破人际隔膜的游戏活动感到些许不安，并且他们可能出于信任相关的个人经历，也对信任类的游戏活动感到些许不安。处于该发展阶段的儿童往往会愿意去承担行为风险，但同时他们特别不愿意承担情感和人际风险。他们比小学阶段的儿童更容易出现情绪波动，该情况会影响其对挑战性游戏活动的反应。有时，他们会对解决问题过程中所遇到的挫折感到十分沮丧，随即出现情绪爆发或拒绝继续参与。一般来说，如果一个人在这些活动中有强烈的情绪反应，那么他可能在其他情况下或其他关系中也会呈现类似的情绪反应。这时，来自团队的支持或成年人的鼓励就会变得非常宝贵，这也是一个非常好的教育时机，通过引导，可以减少他未来的情绪爆发或崩溃。

　　团队特别适合这个阶段的儿童。在团队中，儿童有机会表达矛盾的情感、探索自我怀疑，并意识到可以与同龄人分享自己的担忧。在团队中，儿童可以探索自己的价值观，学会与同龄人沟通，安全地探索自己的极限，并做出一些利他行为。同时，来自团队的鼓励可以促进儿童的行动和自我表达，并为自己创造一个安全的空间来尝试一些冒险，尤其是在心理上和关系上的风险。

　　初中阶段的儿童所需要的团队活动的结构性比小学生少得多，活动说明的清晰状况可随情况而定。该年龄段的儿童已经具备自行解决问题的能力。我们通常允许这个年龄段的儿童选择自己的伙伴组建团队，也可以让他们选择不同的游戏活动。对于该年龄段，团队的人数可以多一些，以每个组有 10～12 个人为宜，但要确保让每个想说话的人都能发言。

　　这一阶段的儿童最显著的变化是思维方式的变化，从具体思维转变为抽象思维。该变化始于 11 岁左右，直到 15 岁左右才会完成。抽象思维帮助儿童发现自己的与众不同，开始思考未来的变化，看到更多可能性，以及更有逻辑地思考决策和解决问题。但他们可能还不能熟练地、持续地应用这些思维。因此，他们往往会沉溺于思考分析问题，并且会经历一些试错阶段，以探索需要思考的事情，以及思考的程度。因此在引导与反思环节，我们会先提出一些问题，并根据儿童给出的回答，决定进一步追加怎样的附加问题。

（四）高中

到了高中阶段,高中生表现出许多成年人的特点。他们已经成熟到可以进行抽象思考,思索自己的过去及未来,探寻过去是如何将自己塑造成如今的样子,以及未来有什么在等待他们。处于该年龄段的青少年对获得独立自主,以及探寻自己"是什么样的人、不是什么样的人"充满兴趣。他们非常希望可以明确自己的信仰和价值观,探索自己的关系和责任。大多数高中生都具备解决问题的能力和决策技能,但他们仍然需要在有效解决问题和做出适当决定方面开展实践。他们能够很好地运用语言来表达自己的想法和感受。

他们中的大多数人仍然喜欢获得快乐,因此所有类型的活动都可以开展。破冰活动可以让他们认识彼此,并展现自我,这有助于加深他们的自我认知。由于这个阶段的青少年在很多方面都十分拘谨,特别是身体接触方面,所以打破人际隔膜的游戏活动十分必要,能帮助他们解除拘谨状态,加深彼此之间的关系。很多青少年都被信任问题所困扰,因此可以借助信任类的游戏活动去探索这些问题,并加强青少年的自信和对他人的信任。挑战性的活动可以很有效地开展,因为这些活动为他们提供了一个实践的机会,去提高沟通技巧、建立关系、提高自我意识和自我接纳、与他人合作、学习理解、重视多样性及坚持负责。

青春期女生比青春期男生更倾向于分享自己的感受,这可能会使男女同组的团队变得更倾向一方。但是,男女同组的价值在于男生可以向女生学习,反之亦然。

高中生通常需要有限的团队结构,无须设置特别清晰的方向,让他们自己确定如何做需要做的事。他们很崇尚独立性,所以要为他们的团队提供自主决策的机会,即使这个过程让他们感到沮丧,甚至发生冲突。在游戏活动过程中,一般 10 ~ 12 人非常合适。但是,在引导与反思环节,可以缩小至6 人左右一组,以让他们能够有机会充分分析和讨论,彼此也可以有更多的深入了解。很多时候,引导与反思环节的问题是由他们自己提出的,我们应该鼓励他们的问题或鼓励互相提问,他们的表现总会超乎我们的想象。如果我们需要提前设置问题,那么选择的问题最好可以围绕特定的素养目标。

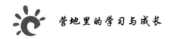

他们能够思考和表达自己对各种话题的想法和感受,并能在更深层次进行自我反思。

三、游戏活动后的引导与反思

(一)引导与反思的必要性

团队游戏活动后,通常需要引导儿童及青少年对活动中的体验进行反思,从而帮助他们将体验到的深刻见解和能力素养应用于生活中的其他情境。团队游戏究竟是仅仅停留在玩耍娱乐上,还是一个可以称为教育的项目,在很大程度上取决于引导与反思环节的质量。

通常来说,我们能想到的引导与反思环节的典型场景是,让已玩过游戏的儿童及青少年围成一个圆圈,这样每个人可以看到对方、倾听对方,然后就此前完成的游戏活动进行讨论。为什么要有这个环节呢?原因是希望活动参与者能从游戏活动中收获一定的见解或认知,并且将这些见解或认知应用于游戏和活动之外,能应用于日常生活的其他领域(如学校、家庭或社交场景)。这些见解和认知便成为他们面对未来生活的能力素养。

在对具体的引导与反思技术展开讨论之前,需要说明的是,并不是所有游戏活动都需要进行深入的引导与反思。有时,讨论活动是没有必要的,甚至可能是适得其反的。例如,某些活动主要发挥桥梁作用,或者只是为了帮助营地导师评估参与者。在这些情况下,引导与反思是不必要的。另一种不需要开展引导与反思的情况是,儿童及青少年已经很显然地在游戏活动中有所收获。换句话说,参与者已经获得了一定的认知或见解,并且能将其应用于其他领域,我们便不再去花时间讨论了。在很多情况下,参与者自身能够快速建立起游戏活动和生活之间的联系,我们不开展引导与反思,也是希望传达对他们的某种尊重,他们有时候是非常睿智的。

(二)引导与反思的单元

我们通常想象的引导与反思环节,是所有参与活动的儿童及青少年围坐成一个圆圈,对游戏活动开展讨论。其实这种方式效率比较低,我们更推荐让参与者相互讨论,而不是仅仅与营地导师讨论。当你作为引导者提问题时,要看着某一个团队成员,他在回答问题时也会看着你,并且其他团队成员也会看向你。这并不是理想的分享场景。我们需要改变分享的单元,通过形成一些二级单元,来让大家更好地开展反思和讨论。

一种较自然的形成二级单元的方式是搭档形式或成对形式。成对分享能很好地帮助参与者开始参与反思活动。在这种情况下,每位参与者均需要找到一个搭档,并回答一个或多个营地导师提出的问题。我们的目标是确保每个人都在讨论游戏活动的相关内容,所有人都在反思,而不是大多数人只听1~2个人的想法。在他们成对讨论的时候,我们可以走到各组身边聆听他们讨论的内容。有人在旁边聆听,其实能更好地帮助二人组坚持同一个话题。当然,我们也可以装作不经意地经过,或是聆听时在每组逗留较短时间,以免对他们造成太大压力。

成对分享是一个讨论分享的最小单元,可以在成对讨论结束后,让两人组合并形成四人组,去讨论另外一个问题。

二级单元还可以是多人组(3~6人为宜),这种方式也很常见。多人组往往可以讨论相对更深刻的问题。成对分享过程中的压力通常来自两者中总是要有一方在说话,另一方如果陷入沉默,就会显得十分尴尬。而多人组中有足够多的参与者可以分担每个人的压力。此外,多人组人员不宜过多,以确保整个讨论过程中每个人都能参与进来,不会有人回避对话。

分组的方式其实有很多种,无论采用什么方式,尽量让小组内不要过于同质,例如,不建议让玩得较好的几个人一直在同一个组讨论,他们容易把话题带偏。我们要帮助参与者在有限的时间内尽可能多地与不同的人接触,了解不同人的想法。这不仅有利于分享的成功,认识彼此的多元和差异,与不同的人接触本身也是团队活动的目标之一。

(三)引导与反思的关注点

在引导与反思环节,如何提升参与者的认知和见解呢?换句话说,大家一起讨论什么内容呢?其实答案比较简单,参与者讨论的内容一般都围绕营会的整体目标,也就是我们期望他们能够从游戏中获得的能力素养。一般来说,可以聚焦以下几个方向。

1. 领导力　游戏活动中是否有人表现出了领导力?若有,那么是谁?他们为什么能发挥带头作用?你(即参与者)是如何注意到他们发挥带头作用的? 他们的领导地位是如何确定的? 你的感受如何? 他们的领导效果如何? 在何种情况下,局面会有所不同? 大家更倾向于听从谁的领导?

2. 支持　什么是支持? 支持来自哪里? 在一个团队中,支持关系是如何建立的? 支持如何在成员之间互相转移? 支持又是如何表达出来的? 你在其他的情境中,有没有感受到过支持呢?

3. 压力　压力会产生有利或有害的影响吗? 何时有利、何时有害? 凭借什么来确定压力是有利或有害? 压力是如何表现的? 人们对压力的看法如何? 在一个团队中,压力源于什么? 压力的发展过程是怎样的?

4. 敌对情绪　团队成员是如何表达敌对情绪的? 为什么会出现敌对情绪? 大家是如何处理敌对情绪的? 表达敌对情绪的人可能是怎么想的? 敌对情绪是如何消解的? 大家在日常生活中有没有遇到过类似的敌对行为或敌对情绪呢?

5. 效率　你是如何超越"做做就行了"的阶段的? 你如何知道什么时候才算达到"足够好"甚至是"卓越"?

6. 竞争　团队中存在竞争吗? 你感觉如何? 竞争关系是存在于团队内部个人之间的,还是存在于团队之间的? 你如何利用竞争关系?

7. 恐惧　大家对过程中的什么感到恐惧? 这种恐惧是生理上的还是心理上的? 每个人是如何应对恐惧的?

8. 快乐　快乐是什么? 如何提高快乐的程度?

(四)引导与反思的技巧

在引导儿童及青少年开展反思的过程中,除了提问,其实有很多引导的技术能够帮助我们更好地走入他们的内心世界,或者激发他们更多地分享。

1. 利用道具　有时为了增强趣味性或是激励团队成员,我们可以使用道具来促进分享和反思。所谓的道具,指的是能够促使团队去思考某一具体问题的物品。例如,在完成一个问题解决任务后,我们会从口袋中掏出一些卡片,上面写着一些代表不同品质的词汇,如接受帮助、相互鼓励、保持乐观、伸出援手、贡献想法等,然后问大家,"你们愿意选择哪个?"这会引发团队的思考。甚至,我们还可以让大家对这些品质进行排序。卡片也可以归属于某个参与者,表明他具有该品质,然后大家便可以将这些品质与某个团队成员关联起来,从而达到互相学习和支持的目的。使用道具通常会顺利地帮助我们开始分享话题。

除了卡片,我们还可以选择更多的道具。例如,利用尺子,让大家直观地评估团队小组达到了何种阶段,或完成任务的质量;利用电话,激发团队去讨论沟通的情况如何;利用火柴,激发大家去讨论谁为团队带来了光亮和希望。利用道具无疑可以提高团队成员在分享阶段的参与度,使整个反思过程直观、具象并充满乐趣。

2. 分级评价　我们可以通过让参与者根据与活动相关的变量来进行评分或分级,来启动引导与反思环节。分级评分的范围可以是 1~10 分,10 分为最好。可以评估的领域包括团队任务完成得是否成功,团队的成果质量如何,团队成员之间相互倾听、沟通或协作的效果如何,或是评估参与者在活动过程中的享受程度。

使用分级评价的一般策略是让每位参与者(通常围成一圈)给出一个数字,先连着报数,之后再让其进行解释。连着报数的目的是让所有参与者先有一个整体的感知。听到每个人给出的分数后,我们才会要求参与者解释评分原因。我们通常希望参与者能针对具体话题(如沟通、团队协作、规划、乐趣)开展讨论。一般来说,分级评价都能开个好头,原因是每个人在给出评分前都会进行深思熟虑。分级评价的另外一个优势是,整个团队都能参与解读活动,并且直观地看到彼此感受上的差异。参与者能听到他人的评估,会启发出新的想法,进行分享,从而进入一个正向的循环。此外,分级评分也能打开那些不善于分享者的话匣子,毕竟给出一个分数不会有太大压力,而后对给出的分数做出解释就会变得顺理成章。

需要注意的是,我们要有意识地保护那些与众不同的打分者,他们的感受可能与其他人不一样,他们的分享可能会有独特的价值,但他们把真实的想法讲出来,有时候也需要勇气。

3. 有限描述　另外一项经常使用的技巧,是要求参与者仅用有限的几个词语来概括和描述。例如,要求参与者只用 3 个词来描述他们在活动中的感受。我们发现,要求参与者进行有限描述时,有利于鼓励其参与分享环节。这一形式还能促使参与者基于我们给出的提示,尽可能反思相关活动,然后进行描述。与分级评价类似,我们会让参与者轮流描述,然后再回过头解释说明。有限描述有时会让一些在活动中比较沉默的参与者也愿意说一两个词,并觉得很有趣,而那些在其他情况下经常滔滔不绝的参与者在仅能说3个词时会觉得有点无所适从。这其实达到了一种团队间的平衡,毕竟听到更多的声音和观点是我们在引导与反思环节所看重的。

4.动作反馈　利用肢体动作有时候也是一种很有趣的表达。最简单的,可以用"拇指向上、拇指向下和拇指平放"对相关活动(或活动的某一方面)进行评价。这种方式比较高效,团队成员能快速见证他人通过拇指投票所展现的感受。我们可以尽量将目光聚焦于投票结果的少数派,要求他们为自己的选择辩护。

此外,参与者还可以通过移动身体来回答问题。例如,可将一个物品置于地板上,它用来代表整个团队,然后要求参与者根据自己对团队的亲密程度来移动身体。这可以快速地根据参与者的定位来判整个团队的凝聚力,以及各个参与者在团队中的位置。大家动起来,彼此观察也十分有趣。

同样,可以结合分级评价,利用道具和动作进行反馈。例如,可以在地板上画一条线,或用胶带或绳子表示这条线,这条线可以代表由弱到强的等级(如由1到10),然后要求参与者根据对某些问题的评价,在这条线上进行相应的移动。例如,"我们今天玩得有多开心?""团队的任务完成得如何?""在相关活动中大家的专注度如何?"大家都可以通过移动身体来展示自己的答案。类似的,这条线也可以代表时间进程、历史节点等,大家一起走到某个节点,来回顾在特定时间节点上大家的共同经历。我们发现,让参与者通过行动的方式进行分享和反思,能非常好地提高他们的专注度和参与的积极性,当然,也一定能增添很多乐趣。

(五)将反思延伸到生活中

我们希望通过引导与反思环节来巩固和加深儿童及青少年的体验,使其从中获得面向未来的能力素养。体验式学习应遵循的顺序为:①活动经验;②思考(发生了什么);③归纳(学到了什么);④应用(未来怎么做)。此前提到的技巧,包括运用道具、分级评价、有限描述、动作反馈等,更多是在帮助他们专注并觉察到游戏活动的过程本身,同时也对收获有了一定的归纳。而从活动本身向生活中延伸，才更是引导与反思环节需要去解决的重要问题。游戏活动中的经验需要迁移到其他潜在的相似经历中，只有这样，教育才体现出价值和意义。

　　因此，让儿童及青少年参与团队游戏活动的目的，并不只是让他们在活动中表现得更好。提高他们的沟通能力、解决问题的能力、欣赏他人的能力，这样他们在下一次活动中，或在真实的生活中，才会更加成功。通过引导与反思，我们要帮助他们把在活动中获得的能力应用到学校、家庭和社会生活中，这也是在帮助他们从活动中了解和认识世界。

　　隐喻的方法，可以帮助儿童及青少年建立虚构的游戏活动和现实生活之间的联系。隐喻的本质是一种比较，它将某一事物与另一事物对比，然后说"看看这些事物是多么相似"。我们思考和谈论生活的方式大多是隐喻性的。例如，人们经常会说生活好像一次旅行，路上总有起起伏伏；学习好像在大海里行舟，需要迎接各种风浪；友谊好像一罐巧克力，苦中带甜等。当我们在用隐喻性的话语谈论一件事情时，对话的双方都知道彼此在说什么，以及为什么这样说。生活中的起伏、学习过程中的困难、友谊中的酸甜苦辣，都可以通过隐喻很直白地呈现。由于人们善于用隐喻的方式来谈论和思考自己的生活，所以使用隐喻性的方式来进行游戏活动后的分享和反思，会很顺利地开启与儿童及青少年关于真实生活的对话，且不会显得太过高深或说教。

　　为了能让儿童及青少年在活动过程中就有意识地把当下的体验和生活建立起关联，我们可以在游戏活动开始前就告诉他们，游戏的情境实际上代表了家庭里、学校中可能会发生的情境。当我们运用隐喻去启发他们的时候，引导与反思环节也会进入隐喻的对话之中。

　　当然，有的时候可以在游戏活动过程中引入隐喻的比较。我们会有意识地把一些活动中发生的事情和生活里的情境对应起来，从而让儿童及青少年即刻进行对比。这种对比往往有很大的冲击力和启发性。

　　我们使用隐喻时，还有一种方式是让儿童及青少年自己提出隐喻并进行对比。儿童及青少年天生就是隐喻的思考者，尤其是那些习惯具象思维的孩子。儿童及青少年有时可以很自然地找到一个绝妙的隐喻，把活动和

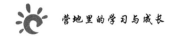

他们的生活串联起来。因此有时我们只需要给出一点点提示,参与者就会自然而然地开始进行隐喻联系和思考。

第四节　团队游戏案例

在本节,我们分别针对团体动力的不同阶段,选取一个游戏案例进行介绍。每个游戏活动的流程并不复杂,但组织者可以通过为参与者设计的个性化反思问题,以及将反思延伸到生活中的应用性反思问题,来挖掘这些游戏的价值意义,让参与者能有更丰富的成长体验。

一、破冰游戏

活动名:融冰。

年级:3 年级及以上。

团队大小:8 ~ 16 人。

素养目标 (见本章第二节):1D、1H、1L;2A、2B、2E、2F、2H;4A、4B、4C、4D。

1. 游戏活动流程

(1)让所有参与者面向内围成一圈。

(2)让一个参与者拿着一些冰块或碎冰。建议把冰放在塑料袋里,这样冰融化时就不会有那么多滴水,但直接用手拿也可以增加趣味性,感受冰冷的刺激。

(3)拿着冰块的参与者站在圈里,选择一个站在圈上的人,面对面站好。

(4)站在圈上的人要向持冰者简单地谈谈自己。

(5)当说话的人有半点迟疑,如说话过程中有一个额外的长呼吸或说"嗯",持冰者就将冰传递给这个人。新的持冰者去寻找新的人站在他前面。

(6)请注意,任何停顿都是不允许的,小组中的每个人在他认为停顿已经发生时可以举起一只手来示意。一旦大多数的手在空中,持冰者和说话的人必须交换位置。

(7)可以让参与者在谈话时关注不同的背景信息去介绍他们自己,如他们的文化背景、兴趣爱好等。

2. 个性化的反思问题示例(下面问题中的"你"是指参与者)

(1)当你成为关注的中心,自己是什么感觉?

(2)你是如何向大家介绍自己的呢?你说了哪些事情(积极的事情、消极的事情、成就、错误、有趣的事情等)?

(3)你说的事情和别人说的有什么不同?你注意到自己的独特之处了吗?

(4)你对自己的描述和别人对自己的描述有何相似之处?你注意到团队中其他人有什么共同点吗?

(5)你讨论的内容如何表达自己的态度和价值观?

(6)当持冰者站在你面前,让你成为下一个说话的人,你有什么感觉?

(7)你觉得把冰给别人的感觉怎么样?你是如何决定谁将是下一个持冰者/介绍自己的人呢?同伴压力是如何影响你把冰交给谁的?你是如何应对同伴压力的?

(8)你在介绍自己的过程中提到的身份角色有哪些?你觉得这些角色怎么样?

(9)如果你不相信自己已经停顿了,而小组的其他成员却认为你停顿了,你是如何处理的?

(10)你的文化背景如何影响你对谈话的感受?你的文化背景是如何影响你所说的话的?

(11)当别人谈话时,你注意到他们的文化背景有什么不同吗?

3. 应用性的反思问题示例(下面问题中的"你"是指参与者)

(1)还有哪些情况你曾是大家关注的焦点?你怎么看待这些情况?你如何处理这些情况?

(2)当你必须在一群人面前讲话时,你如何决定该说什么?环境对你决定说什么有什么影响?

(3)你的个人优点、才能和成就是什么?你如何意识到自己有这些积极的品质?

(4)你有哪些独特之处?你如何看待这些独特性?

(5)你注意到自己和别人有什么共同之处吗？你还需要在哪些情况下去应对同伴压力？你通常如何处理这些情况？你如何将自己学到的处理同伴压力的方法应用到相似的情境中？

(6)你在人际关系中通常扮演什么角色？在这个活动中,你有意识到一些新的角色吗？这些新角色对你的人际关系有什么影响？

(7)你的文化背景是如何影响你的行为和人际关系的？你怎样才能更清楚地意识到自己的文化背景是如何影响自己的行为和人际关系的呢？你怎样才能更加了解他人的文化背景如何影响他们的行为和关系呢？

(8)在活动中你如何看待文化背景的差异性？当你了解不同的文化背景的差异后,你会如何减少自己可能持有的刻板印象？你将如何以更尊重的方式去看待他人？

(9)你的个人态度和价值观如何影响自己的人际关系？在这个活动中,你发现了哪些自己的态度和价值观？你如何以建设性的方式表达自己的态度和价值观？

二、打破僵局游戏

活动名:动物扮演。

年级:4年级及以上。

团队大小:8~50人。

素养目标(见本章第二节):1B、1C、1F、1G、1H、1I、1J、1L;2A、2C、2D、2F;3E、3H、3I;5D、5E;6A、6B、6C、6E。

1.游戏活动流程

(1)组织团队站着围成一个圈。

(2)解释主要活动内容,即让大家扮演某种动物。大家将分成三人一组扮演不同的动物。每组中的成员分别充当所扮演动物的某个部位,三人共同完成动物的扮演(例如,由两人充当大象的两只耳朵,一人充当大象的躯干,三人即可扮演完整的大象形象)。

(3)团队练习扮演动物的模样。可供选择的3种动物和表演参考如下。

大象:扮演大象时,三人中,位于中间的人以上臂触碰鼻子,并在面部以下挥舞手臂,看起来就像是大象的鼻子。中间人的躯干代表大象的躯体,而位于两侧的人将手臂举起模仿大象的耳朵,其中一只手臂高过头顶,另一只手臂则置于腰部附近(看起来就像一个半月形)。这样在一起就构成了一只大象。如果中间人在摆动躯体的同时模仿大象的叫声,就会更具趣味性。

长颈鹿:扮演长颈鹿时,三人中,位于中间的人将双手举过头顶,同时尽量站得高点(如踮起脚尖)。位于两侧的人移动身体,尽可能与中间人保持较近的距离,然后弯腰将双手置于膝盖处。这看起来就像是长颈鹿的高脖颈和两侧的腿。这样就构成了一只长颈鹿。

青蛙:青蛙的扮演极为有趣。模仿青蛙的过程中,三人中,位于中间的人身体前倾,不断伸出舌头(就像一只青蛙在抓苍蝇)。位于两侧的人应尽最大能力模仿青蛙的双腿。为了更好地模仿,两人均向中间人倾斜身体,然后抬起外侧的腿,像青蛙一样蹬腿。这样一来,就是一只青蛙在吐舌头和蹬腿的模样。

(4)表演的过程是指定和轮换进行的。被指定的人扮演动物中间的部分,两边的人扮演动物两侧的部分。一开始,可以由营地导师站在圈内,通过来回走,营造紧张的气氛。然后导师突然转身,指着张三说:"张三,青蛙是动物园中我最喜欢的动物!"导师说出张三的名字后,张三便立即意识到他将成为扮演青蛙的中间人。同时张三两侧的人应该意识到,他们要一起扮演青蛙两侧的部分,从而共同构成完整的青蛙形状。所有三人的表演应该在"某某是动物园中我最喜爱的动物"这句话说完前完成。如果三人无法按时完成,或是存在疑虑、做错动作,则中间人需要承担后果,即进入圈内,去指定其他人的名字,以此循环。当然,如果张三和左右两人配合很好很及时,原来的圈内人则继续指定其他人。在这个过程中,通常会有有趣的事情发生,且大家会强化记住彼此的名字。

(5)动物的类型并不是固定的,也存在很多其他动物,只要三人可以一起扮演出来即可。

2.个性化的反思问题示例(下面问题中的"你"是指参与者)

(1)营地导师对活动进行说明时,你的感觉如何?你觉得对你来说最难的部分是什么?最简单的部分是什么?参与游戏时,你的预期是否实现?

（2）若在你的预期中，自己在活动中的竞争能力较低，这对你的行为会有什么影响？若在你的预期中，相关活动对你来说较简单，这对你的行为有什么影响？

（3）你最希望模仿哪种动物？在模仿过程中感觉如何？

（4）你最不希望模仿哪种动物？不喜欢模仿哪些部位？

（5）此项活动中团队协作的重要性如何？如何提高自己与三人组中另外二人共同协作的可能性？

（6）若你在三人组中位于外侧，而中间人未准确或及时完成模仿，他必须进入圈内，你的感受如何？你如何表达相关感受？有哪些方式能帮助你清晰和有建设性地表达自身感受？

（7）若你位于外侧且未准确或及时完成模仿，致使中间人必须进入圈内，你的感受如何？你如何表达相关感受？有哪些方式能帮助你清晰和有建设性地表达自身感受？

（8）该项活动对自律和自我控制的重要作用如何？这会对你产生怎样的影响？

（9）若压力程度分为 1~10，你在活动中承受的压力等级如何？你所承受的压力等级会根据你是否为中间人而变化吗？此项活动中的哪个部分让你承受压力？你采取了何种策略来缓解压力？

（10）你会避免成为中间人吗？为什么？你是如何避免成为中间人的？在预测可能成为中间人的过程中，哪些部分让你感到压力大？

（11）在此项活动中同伴压力是如何产生影响的？

（12）你为什么信任三人组中的其他成员？影响你是否信任他们的因素有哪些？

（13）你会对活动中的愚蠢行为做出什么反应？愚蠢行为对你来说也是一种乐趣吗？是什么让你觉得这是或不是一种乐趣？

（14）若你把事情搞砸了，你是如何解决的？你从错误中学到了什么？在下次模仿动物时，你如何将汲取的教训应用于实践中？

（15）在此项活动中，努力和坚持是如何助你成功的？错误行为会激发你更加努力还是放弃？如何将错误行为转化为经验教训？

（16）你是否会将自己与其他三人组对比？做对比有哪些帮助？

3. 应用性的反思问题示例（下面问题中的"你"是指参与者）

（1）你是否遇到过以下情境：他人不得不承受你的过失所导致的后果？当时你的感受如何？你从中学到了什么可用于未来相似的情境？

（2）你是否遇到过以下情境：你因他人的错误受到惩罚（或不得不承担后果）？当时你的感受如何？你从中学到了什么可用于未来相似的情境？

（3）有些人能轻易完成此项任务，有些人则不能。当你面对这种情况时，你是如何做出反应的？若你能轻易完成任务而其他人不能完成，那么你对自己能力的评价如何？若你完成任务的过程中困难重重，你如何评价自己的能力？在此种情况下，你会采用何种积极的方式来应对？

（4）生活中有哪些情境或经历需要你与其他人共同协作？如何将此活动中的经验应用于其他情境？

（5）此活动中使用的哪些压力处理方法对生活中的其他情境有帮助？如何利用？

（6）你在此活动中使用的哪些压力处理方法没有起作用？如何在未来避免？

（7）在什么情境下你需要寻求帮助？如何意识到你需要帮助？如何寻求帮助？

（8）如何将学到的错误处理经验应用于生活中的其他情境？如何应对同伴压力？

（9）在什么情境或关系中，你会与他人做比较？什么时候与他人做比较有帮助？什么时候没有帮助？

（10）你的价值系统中也会存在愚蠢行为和有趣行为吗？为什么？

（11）在你感到愤怒或尴尬的情境下，通常会发生什么？如何应对相关情境？此活动中的哪些经验教训能应用于相关情境？

三、信任游戏

活动名:触摸易拉罐。

年级:3年级及以上。

团队大小:8~40人。

素养目标(见本章第二节):1A、1B、1C、1D、1E、1F、1G、1J、1K、1L;2G;3A、3B、3C、3D、3H、3J;4A、4B、4D;5A、5B、5C、5D、5E。

准备工作:如果人数少,可以只准备一个易拉罐。如果人数多,可以准备一个大一点的物品,如一个矿泉水瓶、一个水壶等,以方便易得为宜。

1. 游戏活动流程

(1)向小组解释活动的目标是让每个参与者在同一时间接触一个易拉罐,并保持10秒(或者一同唱一首歌的长度),与易拉罐接触的部位可以是身体的任何部位。

(2)所有的参与者在接触易拉罐的同时,不能接触彼此的身体。

(3)更具挑战性的玩法是,大家在活动的过程中也不能有身体上的接触。一旦发现有接触,大家需要重新开始。

(4)易拉罐可以摆在桌子上,或者摆在地上,或者吊在空中。如果人多,可以把易拉罐换成一个大一点的物品,以确保该物品留有空间让所有人去触碰。

2. 个性化的反思问题示例(下面问题中的"你"是指参与者)

(1)当你第一次听到这个活动的说明时,你的反应是什么? 你是如何表达自己的想法和感受的? 当小组讨论策略时,你的反应有变化吗?

(2)你为团队的成功做了什么贡献? 你觉得自己的贡献如何?

(3)当小组成员努力解决问题时,你觉得有人在听你说话吗? 当你被小组的其他成员听到时,你有什么感觉?

(4)如果你觉得没人听你说话,你会怎么想? 如果你想让团队的其他成员听到你的声音,你可以做些什么来确保别人听到你的声音呢?

(5)你是否有效地传达了你的想法和感受? 如果是,你是怎么开始做这件事的? 如果没有,是什么阻止你这样做的?

(6)作为一个听众,你做了什么来让这个活动进行得更顺利呢?

(7)信任在这个活动中扮演了什么角色?

(8)这个小组的成员是用什么方法来决定怎样去触碰易拉罐,以及怎样不触碰别人的? 小组成员如何决定一个策略是否有效? 如果一个策略不奏效,团队成员是如何应对的? 当有些事情不奏效的时候,你如何去想一个可能的替代策略?

(9)为了完成这项任务,团队成员之间有哪些合作方式? 合作如何起作用?

(10)你是如何决定是否合作的? 你对合作的态度如何影响了团队中发生的事情? 其他小组成员的态度如何?

(11)你如何知道自己是否需要其他组员的帮助? 当你需要帮助的时候你会怎么做? 当你意识到自己需要帮助时,你是如何寻求帮助的?

(12)在碰易拉罐但不触碰别人的过程中,不同的小组成员扮演了什么角色? 小组成员如何决定谁领导,谁跟随? 在活动过程中角色有变化吗? 如何变化的?

(13)在你们避免接触对方的同时,你们的身体却离得很近,对此你有什么感觉? 你需要多少个人空间? 你对个人空间的需求与其他人相比有什么不同?

(14)在 1~10 的范围内(1 表示没有压力,10 表示压力很大),你在这次活动中感受到的压力有多大? 随着时间的流逝,它发生了怎样的变化? 如果你不得不边碰易拉罐边唱歌,这对你的压力有什么影响? 你用了什么方法来应对这个活动带来的压力? 你是怎样开口提出自己的要求的?

(15)你的团队在探索中成功了吗? 你对自己的成功或失败是什么感觉? 你是如何把这些感受传达给其他成员的?

(16)为什么这种活动需要自我控制和自律? 你是怎么做到的?

(17)你在这次活动中对团队的责任是什么? 你如何决定自己的职责是什么?

(18)你在玩这个游戏的时候有没有履行一些责任? 如果是的话,你觉得自己做了什么负责任的事情? 你如何确保自己的行为是负责任的? 如果没有,你做了什么自己觉得不负责任的事情?是什么让你不能更负责任?

(19)你完成这项任务的方式与团队中其他人的方式有何不同?有何相似之处?

(20)如果游戏要求大家在游戏过程中不互相触碰,而在实际的过程中有人碰了别人,整个团队不得不重新开始,你会有什么感觉?如果你是那个碰了别人的人,你会有什么感觉?如果发生这种情况,小组的各个成员彼此之间会进行什么交流?

3.应用性的反思问题示例(下面问题中的"你"是指参与者)

(1)在你的生活中,还有哪些事情是看起来不可能做到的?你有什么资源/策略来帮助自己处理这些情况?

(2)在你的生活中,还有哪些情况是你必须通过合作才能成功的?你如何处理这些情况?你如何获得他人的帮助?

(3)你通常如何为团队的成功做出贡献?你给这个世界带来了什么礼物?

(4)你在这个团队中扮演的角色与你在家庭中的角色有何相似之处?

(5)你如何着手解决与这个活动中的情境相似的问题?你的小组成员所使用的解决问题的方法中,哪一种方法对你生活中的相似情境有用?

(6)你或你的小组成员使用的管理压力的方法中,哪一种对你的生活有帮助?你如何使用它?

(7)你还需要在哪些情况下寻求帮助?

(8)在哪些情况或关系中,让别人听到你的想法可能很重要?在这种情况下,你如何确保别人能听到你的声音?

(9)通过这个游戏,你学会了哪些交流感受和想法的方式?

(10)通过这个游戏,你学会了哪些解决挑战性问题的技能?

(11)在你的家庭中,关于个人空间或接触的规则是什么?这是你文化背景的一部分吗?

(12)你还注意到人们在个人空间或身体接触的舒适度方面有什么不同吗?你还注意到哪些不同之处?如果别人对个人空间的感受与你不同,你该如何与他相处呢?

（13）你注意到不同文化背景的人关于个人空间或身体接触的规则有什么不同吗？

（14）你生活中还有哪些重要的情况需要负责任？你如何把自己在这个活动中学到的负责任的行为运用到其他情境中？

（15）在你的生活中，哪些情况下信任别人是很重要的？你如何将自己在这个活动中学到的关于信任他人的知识运用到其他情境中？

四、挑战游戏

活动名：抛球。

年级：3 年级及以上。

团队大小：9～30 人。

素养目标（见本章第二节）：1B、1C、1D、1H、1I、1J、1L；3A、3B、3C、3D、3E、3H、3I、3J；5A、5D、5E；6A、6B、6C、6E、6F、6G、6H。

准备工作：准备软的球，或者将毛巾打成结；准备一些标示物（如粘地胶条）用于标记毛巾或球需要抛出的距离，一般 3～5 米。

1. 游戏活动流程

（1）这是一项在多个限定条件下开展的简单竞技类"你抛我接"游戏。

（2）将参与者分为三人一组。

（3）每组的三人中，有一名成员担当抛出者，另外两名成员则担当接收者。

（4）抛出者与接收者之间的距离应为 3～5 米。

（5）向各组说明以下规则：抛出者首先将打成结的毛巾或球抛至 2 名接收者。2 名接收者必须合作接住毛巾或球，但不得直接用双手、双臂和肩膀。接住毛巾或球后，接收者须合作将其再传至抛出者，同样在传递的过程中也不能直接用双手、双臂和肩膀。传递之后，接收者回到 3～5 米处，以便再进行一轮抛出和接收的游戏。

（6）若 2 名接收者未接到毛巾或球，或是在接毛巾或球的过程中未遵守游戏规则而使用了双手、双臂或肩膀，则应将毛巾或球直接回抛给抛出者，重新来过。

（7）最后，向各组说明时间限制。一般会设定一个较短的时间限制，评估每个三人组能在限定时间内成功接到和传回多少次。第一轮结束后，我们会留给各组一个机会，来进行头脑风暴，思考如何提高效率。

（8）在限定时间内成功完成抛接次数最多的组为胜利者，该组会收获来自其他组的热情欢呼、称赞或嘉奖。

2. 个性化的反思问题示例（下面问题中的"你"是指参与者）

（1）无法使用双手、双臂和肩膀来接住毛巾或球是什么感觉？如何用清晰的、建设性的方式来表达这些感受？

（2）如何确定抛接过程中使用的策略是有效的？若相关策略无效，三人组如何制定新策略？

（3）在此项活动中，团队协作的重要程度如何？如何增加三人相互协作的可能性？

（4）若在抛接过程中毛巾或球掉落，你必须重新开始，你是什么感受？若在抛接过程中毛巾或球掉落，队友必须重新开始，你是什么感受？能采用哪些方式更清晰、更有建设性地表达你的感受？

（5）可采取哪些方法来了解活动过程中其他成员的感受？

（6）团队内部就抛接策略出现矛盾时，你如何化解相关矛盾？可采取哪些方法更有效地化解团队成员之间的矛盾分歧？

（7）你为团队的成功做出了哪些贡献？

（8）如何决定在制定策略过程中采纳谁的观点？

（9）如何分辨自己是否需要三人组中其他成员的帮助？你在需要帮助时会采取哪些行动？意识到需要帮助时，你会如何寻求帮助？

（10）你在此项活动中承受着何种程度的压力？若存在一定的时间限制，会影响你所承受的压力程度吗？你会采取哪些策略来应对活动过程中所面临的压力？

（11）在此项活动中，你对合作伙伴负有什么责任？如何确定你所负有的责任内容？

（12）你是否重视活动过程中自身所负有的责任？若是，你觉得自己做的哪类事情是职责之内的事情？如何保证你的行为是负责任的？若否，你觉得自己做的哪类事情是不用负责任的？是什么阻止你提高自身的负责任程度的？

（13）若发现自己犯了一个错误，你会如何处理？你从错误中学到了什么？下一次参与抛接活动时，你如何应用从错误中汲取的经验教训？

（14）此项活动中所付出的努力和坚持、创新性和首创精神、自律和自我控制等，是如何转化为成功的？

（15）同伴压力会以何种方式影响流程？三人组中的成员是如何应对同伴压力的？

（16）你所在的三人组的成员会将自己与其他组对比吗？进行相关对比所产生的效果如何？

（17）你所在的三人组是如何完成从抛出者到接收者的传接的？你是如何处理传接的？下次轮到你抛掷时，你可以借鉴哪些经验、方式？

（18）若关于如何更成功地完成抛接流程出现分歧意见，你们是如何处理的？

3. 应用性的反思问题示例（下面问题中的"你"是指参与者）

（1）你生活中的哪些情境或经历需要与他人协作？如何将从本活动中学到的经验教训应用于其他情境？

（2）生活中有哪些情境或经历会令你感到束手束脚，就像在此项活动中无法使用双手、双臂和双肩？如何将从此项活动中学到的经验教训应用于类似的、让人感到束手束脚的情境？

（3）此项活动中你采用的抗压手段有哪些可以应用于生活中的其他情境？如何应用相关抗压手段？

（4）在哪些情境下你需要寻求帮助？如何意识到你需要帮助？如何寻求帮助？

（5）是否存在其他情境或关系，你在其中非常需要被倾听？如何确定你在相关情境中被他人倾听？

（6）如何将你在此项活动中学到的沟通方式、合作促进方式、问题解决方式或合理化冲突的方式，应用于其他相关情境？

（7）如何将你学到的纠正错误经验和压力处理经验应用于生活中的其

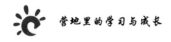

他情境？

（8）在哪些其他情境下，你需要为了成功汲取过去的经验？如何将你在此项活动中学到的经验教训应用于相关情境？

（9）在哪些其他情境或关系中，你会将自身与他人做对比？何时这种对比会有所帮助？何时没有帮助？

第三章　自然体验与儿童及青少年的精神世界

第一节　自然教育的本质

一、自然与亲自然

在古希腊时期，"自然"基本的意思是"生出""生长"，其核心意义是指生命之物的生和长。从生和长的核心意义扩展出"本性"和"本质"的含义。在中国最先使用"自然"一词的是老子的《道德经》："人法地，地法天，天法道，道法自然。"其中，"自"是自己的意思，"然"是如此、这样的意思，合起来"自然"就是"自己本来如此"的意思。所以，顺其自然就是顺从、遵循事物自己的本性。从中西"自然"概念最初的解释来看，二者具有共通之处，即"自然"的根本含义为"本性"。

大家所熟知的"自然"有两层意思：一方面是指自然界中的实物，即看得见、摸得着的自然；另一方面是指从自然中抽离出来的本性，是万物原本该有的样子。自然蕴藏在大自然万物之中，大自然中所有生命的演变与成长，万事万物的相互依存、相互影响的规律法则，其实就是自然。

既然自然存在不同层次的双重含义，即存在"自然性"（自然之本性）与"自然物"的区别，那么，亲自然也将存在亲"自然性"与亲"自然物"的双层意义。一方面，亲自然要亲近物质的、实体的大自然，沐浴阳光，呼吸泥土的气息，享受果实，得到庇护，甚至从中获得灵感等；另一方面，我们在亲自然的过程中，会因为与大自然之间已经建立起来的联结，获取了自然物中的本质属性,从而获得了回归自然的美好体验。换言之,亲近实物的亲自然仅仅是停留在对物的认知、操纵、处置或改造之上,自然被作为自然物对待,它的本体价值让位于其使用价值;而与自然物所蕴藏的自然本性相处,人们必须展现自己作为人的原本的样子,能与自己的自然性相遇,即在这样的相遇中认识自己,从而达到与自然的交融,体会纯粹亲自然的美好享受。因而,亲自然主要在于人性与自然性的契合。这其实也是卢梭的自然教育观的精髓所在。

二、卢梭的自然教育观

纵观历史上各个时期的各种教育思想和教育哲学流派,18 世纪法国启蒙运动中的思想家让-雅克·卢梭的"自然教育观"和保护儿童天性的教育哲学,最契合如今我们所探讨的自然教育。

卢梭的自然教育观是通过《爱弥儿》一书阐述的。这本书是卢梭经历 20 年的研究写成的教育名著。它起先只是一篇教育的论文,但是因为文章中所举的实例都集中在一个小男孩的身上,这篇论文就变成了一本教育小说。《爱弥儿》被歌德称为"教育的自然福音"。

卢梭认为人的内在本性是善的,而自然就是人的内在本性、人的天性。卢梭认为人天生所禀赋的自由、理性和良心构成了善良的天性。性善人人皆同,人的罪恶乃后天影响所致。教育的必要性在于防范社会不良因素对儿童的不良影响。由此,他提出了看上去相对"消极"的教育观点。他认为儿童早期本性发展是柔弱不完善的,应该让其"不做任何事情",以保护儿童先天的善性,使儿童在无干扰的情况下按其本性健康地、顺其自然地成长。

卢梭不仅认为人性本善,而且深信人的心灵中存在着认知的巨大能量。他认为感觉是知识的来源,所有知识都是通过人的感官而进入人的头脑的,所以人的最初理解是一种感性的理解。正是有了这种感性的理解作基础,理智的理解才得以形成。感觉是人的知识的原料,因此使人理性认识事物的前提是感觉器官的成熟。

卢梭认为教育的过程实际上是在不断发展儿童的感官,在感官成熟之后再去理性地思考,这就是一个成长的过程。人的成熟首先是感官,人类过多强调理智的重要性,然而感官却被大多数人忽略了。这种教育往往忽视了儿童的天性,在感官发展还不完善的基础上,过多强调理性教育是多余的。

此外,在教育的过程中,人们通常把教育者作为教育的主体,这就导致人们不能正确认识儿童的能力,产生高估或低估儿童的想法。18世纪以前贵族的孩子都被当成小大人一样看待,不断锻炼他们,让他们接受正规的指导,如有违抗和不理性的行为就要接受惩罚。这种想法就是典型的高估儿童,将儿童看作"小大人",认为儿童能够理解大多数成年人的情感和经验。高估儿童的情感、认知和技能水平,是教育中普遍存在的问题。

卢梭认为这样是不正确的。他认为:在自然万物的秩序中,人类有它的地位;在人生的秩序中,童年有它的地位;应当把成人看作成人,把孩子看作孩子。作为教育者,我们应该站在儿童的角度去思考问题,而不是把自己的想法强加在儿童的身上。根据儿童身心的发展规律有所侧重地对儿童进行分年龄段的教育,这一理念在当时是非常先进的,在如今也是十分必要的。

综上,在卢梭看来,自然的秩序和谐美妙,处于自然状态中的人,他们的理智是健全的、情感是平静的,他们的自爱倾向转化成怜悯同情之心,这时,人与人之间没有敌视、仇恨、嫉妒的存在,当然也就没有争斗乃至战争。卢梭的自然教育侧重培养人的品格,而非提高人的智力。教育使人的本性得到自然发展,教育的过程要以顺应自然法则和人的天性为准则。

三、亲自然教育

当下的很多自然教育项目更多是从科普和环境教育的视角展开,更看重培养孩子对自然的认知,以及人们如何探究、治理并影响自然。从前面提到的亲自然的内涵来看,这些自然教育更注重孩子亲近物质的大自然,这无可厚非。但我们要认识到,这种教育是以自然为对象或以自然为载体的,更突出自然在教育中的使用价值,本质上是一种从功利视角开展的教育。在这种教育形式下,人们通常是为了让自己或子孙生活得更好、更幸福才去保护自然,自然处于陪衬的地位,其实质是保护自己,本质上是一种人类中心主义。因此在教育中,仅把自然理解成人类所生存的自然界,而忽视自然本性的意义，无疑是片面的。亲自然教育如果仅仅是为了从经验上获取自然认知，从空间上丰富活动场域，从物质上利用各种资源，那么，这样的教育无法培养出卢梭所推崇的理智健全、情感平静、富有同理心的、回归本真的儿童。

真正的亲自然教育需要让儿童及青少年发展出内在的自然性。由于自然性蕴藏于大自然万物之中，亲自然必须首先从亲近自然物开始，这是亲自然教育的基础。大自然孕育了人类，成就了人类，同时也在继续供养着人类，从根本上来说，人是属于自然的。所以，在儿童及青少年亲自然的过程中，我们要引导他们对自然保持足够的尊重，从自然中来，到自然中去，怀着敬畏之情去亲近自然，领悟自然，汲取营养，从而能与自然融为一体，进行自我完善。引导他们在与大自然的接触中，了解自然的无私，理解生命的深邃，领悟人类在自然中应有的谦卑。

其次，基于对自然内涵的认识，我们要引导儿童及青少年去感受自然性。自然性是人对大自然在充分友好亲近的基础上才会呈现于人们面前的精神因子，是对大自然物质层面的超越。人们从自然物中抽取自然性，也是从人自身提炼自然性的过程，二者合一才是亲自然更深层次的追求。在亲自然教育实践过程中，不能只是把儿童及青少年放置于各种各样的大自然环境之中，甚至对他们自身所呈现的自然性无暇顾及，只强调与大自然本身的接触，以及对自然物的加工、认知和处置。这种亲自然教育只执着于自然的使用价值，而忽略自然的审美、存在等本质属性。这样的亲自然教育是相对肤浅的。在亲自然教育中，我们在关注大自然物质层面的同时，一定要超越大自然，从大自然中提炼自然性，并结合儿童及青少年的天性。亲自然教育不是为接触和改造大自然而亲近，而是为在此过程中体验自然本性之美、之惊奇、之多元、之包容而亲近，为在大自然中充盈精神而亲近。

因此，亲自然教育不仅要从科普角度，更应该从自然体验的角度入手，帮助儿童及青少年找到自然性，弥合因与自然关系断裂而形成的精神空虚，这些精神空虚可能体现在过度以自我为中心、无法感知四季冷暖、漠视周围环境和生命、缺失审美能力、缺少对自然的尊重和敬畏等方面。

正如卢梭所说，儿童要自由地成长，不断发展自己的感官，感官成熟后,才可能发展理性。人的心智需要借由感官和知觉来形成对世界的认知整合、判断与推理,人们如果没有对大自然真实的认知,没有与自然的亲密接触,没有在自然中探索、体验的经历,感觉和知觉都将受到影响。漠视自然、漠视生命往往是长期与大自然断裂联系的结果。自然体验强调感受,提倡带领儿童到自然的环境中,借助自然游戏、体验、歌唱、戏剧等方式,从视觉、听觉、触觉、嗅觉、味觉等多种感知获得第一手的经验,提高儿童欣赏自然、与自然和谐相处的意识和能力。

第二节　儿童及青少年的精神世界

正如卢梭所说,对于儿童及青少年的成长和发展来说,不应以失去天性为代价,他们需要顺应善良的天性而成长和发展,这种天性来自自然。在以自然体验为主导的营地活动中,儿童可以在大自然中打开感官,发展感受性,丰富他们的情感和精神世界,以一种相对"无为"的方式去学习和感悟。营地为儿童提供了包容的空间,让儿童的感受性可以充分发展,在体验和经验基础上,再逐步发展他们的理性,逐渐发展出兴趣和探索欲望,以进一步获得知识和能力素养。

此外,亲近和感受自然,除了从自然中找到自然性,充盈精神世界之外,儿童及青少年还能对自然产生更强烈的认同和归属感。他们通过自然体验,感受大自然的奥妙和美好,进而学会欣赏自然、尊重生命。这是可持续发展生活价值观的基础,儿童及青少年最终会成长为一名爱己、爱人、爱自然的世界公民。

大自然如何丰富和充盈儿童及青少年的精神世界呢? 以下将从5个方面介绍自然体验活动的价值及其发展儿童及青少年心理和精神成长的相关教育目标。

一、好奇心和主动性

儿童及青少年的好奇心和主动性可以在大自然中蓬勃发展,因为有无数的惊喜等着他们去发现,有无数的变化等着他们去理解,有无数的没有计划的声音和动作等着他们去观察和探索因果关系。大自然充满了不断变化的元素,如光线、天气和季节变化的元素。这种有趣而充满活力的环境鼓励儿童及青少年参与到一个不断探索的循环中。当他们观察大自然的时候,他们的好奇心会促使他们提出问题,他们的主动性会引导他们去调查和探索。

为什么好奇心和主动性对儿童及青少年的成长发展很重要呢?孩子天生好奇。婴儿天生就有利用他们的感官去探索和理解周围世界的倾向。孩子和环境之间的相互作用使学习成为可能。孩子们有这种倾向——试着"连点成线",理解他们的第一手经验。他们的动机既来自天生的好奇心,也来自人类与生俱来的满足需求的动力。因此,在学习和成长的过程中,孩子和环境是伙伴。好奇心是促使孩子们在认识环境的过程中进行探索和细化感知的主要因素。

像好奇心一样,孩子们从一开始就表现出主动性,他们努力探索周围的一切,从而满足自己的需要。在好奇心的驱使下,孩子们会进入环境中去探索,以满足自己想要产生一些影响力的愿望。我们可以利用他们这些天生的特点,鼓励、培养和扩展他们的探索能力。我们可以通过提供丰富的材料和自我选择的机会来支持他们学习新事物和尝试新体验的兴趣,这能使他们独立成长,发展他们做出深思熟虑的、健康的、有益的选择的能力。我们无法制造好奇心,也不能直接教他们好奇和主动。我们能做的就是提供给他们一个自然的环境来支持他们的好奇心和主动性得以自然而然地发展。当他们感到来自成年人的支持和开放时,他们探索的欲望和对问题的兴趣会更浓郁。他们会以更具创造性的、广阔的方式来观察世界,提出有意义的问题,并发现这些问题的答案。

有哪些可观察到的行为或指标可以揭示儿童及青少年在参与活动的过程中所展现的好奇心和主动性呢?好奇心和主动性是非常强大和非常有价值的力量,它们可以为孩子们的学习提供动力。大自然环境是支持儿童及青少年展现好奇心和主动性的关键因素,它提供了很多选择并提供空间让他们去探索。在营地活动过程中,营地导师需要为儿童及青少年提供多样化的选择和充足的时间来探索和追求他们的想法。具体来说,好奇心和主动性的行为表现有 5 个评价指标,即儿童及青少年能够:①通过提问、发展思想、探索自然物来表现出对学习的渴望;②表达对环境的兴趣并开始互动;③使用各种各样的感官来探索世界并寻找问题的答案;④对世界充满好奇,乐于接受新的体验;⑤主动策划一些活动或制作一些作品,逐渐独立学习。

激发儿童及青少年在大自然中的好奇心和主动性是非常关键的。当他们有自由的时间和开放的环境去探索时,他们都将会表现出充满激情和创造力的潜质。他们在大自然中有机会接触真实的材料,有机会形成并回答他们自己的问题,从而进一步被大自然深深地吸引。当我们花时间仔细观察他们的思路,思考他们实际上在做什么时,我们会发现,他们对世界的建构有时与我们成人截然不同。这是应该的,也是必然的。儿童及青少年无时无刻不在发展他们对世界的理解。他们可能随着时间的推移,会积累许多不同的经验,并逐渐发展出主动探索的思维习惯——一种长期的学习态度,这种态度会帮助他们走向成功。

二、投入和坚持性

投入这个词带有联结和承诺的含义。当人们投入一件事情或一段关系中时,这意味着他(它)们之间有着紧密的联结,并渴望维持和维护这种联系。同样地,当儿童及青少年真正投入一个想法、活动或与另一个孩子互动中时,他们专注于并积极地营造这种联系。这种专注地想要持续做某件事的欲望就是坚持的含义。当儿童及青少年关心自己正在做的事情时,他们会坚持下去,并愿意克服干扰、困难、挫折和挑战。儿童及青少年喜欢到大自然中去,在那里他们能感受到与万物的联结,包括植物、动物、云、水、岩石等。当某种植物开花的时候,蝴蝶、蜜蜂等动物就出现了。当秋天天气转凉时,鸟就会迁徙,植物的颜色就会更丰富多彩。下雨时,水坑就会积水,雾气也会升起。总之不用费多大力气,大自然本身就会展现在他们面前。

为什么投入和坚持性对儿童及青少年的成长发展很重要呢?儿童及青少年是积极的、具象的学习者。他们在能够接触具体事物、能够进行实际操作的情况下学习效果更好。大自然里丰富的事物能很好地鼓励他们的学习行为,他们与外界的互动也会因此持续下去。婴儿从很小的时候就开始了跟踪运动的物体,环境里的事物从一开始就能吸引他们。随着儿童的成长,自然环境会继续吸引着他们,为他们提供开放式的素材,让他们能长时间不间断地跟随自己的想法,以及为他们提供充足的选择机会。一旦儿童及青少年开始投入,坚持性就开始出现。例如,当儿童及青少年开始在海边搭建一个沙雕时,他们会尝试不同的设计,并寻找完美的沙水混合比例,以完成他们的想法。他们可能会遇到困难,但他们不会放弃,而是更深入地挖掘,更努力地尝试,并开始找新方法来解决他们的问题。他们可能会尝试不同的解决方案,或者向身边的人寻求帮助。儿童及青少年的投入和坚持是相辅相成的,在很小的时候就练习这些行为,对于他们以后的生活和学习至关重要。

有哪些可观察到的行为或指标可以揭示儿童及青少年在参与活动的过程中所展现的投入和坚持呢?投入和坚持的核心是呼吁营地导师关注儿童及青少年的学习环境,为其学习提供各种各样的材料和活动,让其有机会做出选择,以追求各种兴趣爱好。大自然便是一个能激发每个孩子兴趣的环境。丰富的物质环境和多样的活动形式为激发他们的兴趣提供了必要的起点。他们在丰富的环境面前会投入精力,追求挑战,克服障碍,在挫折和干扰中不断坚持,他们的专注力也会逐渐提升。具体来说,投入和坚持性的行为表现有 5 个评价指标,即儿童及青少年能够:①专注于各种与年龄相适应的任务、活动和项目,即使遇到干扰或中断;②在一段时间或几天内,主动地从事越来越复杂的任务、活动和项目;③持续尝试一项困难的任务,保持注意力,并突破伴随而来的挫折、失望和困难障碍;④有目的地选择感兴趣的活动和互动,制订计划,并以越来越独立的方式坚持下去;⑤必要时从同伴那里寻求或接受帮助。

大自然是一个"每个人都有自己空间"的环境。通过精心安排时间、空间和体验,我们可以激发儿童及青少年的兴趣,让他们选择不同的活动,使他们有机会形成与坚持相关的更深层次的投入与参与。

三、想象、发明和创造力

想象、发明和创造力是儿童的语言。这个世界对他们来说一开始是陌生的,充满了让他们去体验和试图理解的奥秘。他们以"新"的方式把事物放在一起,观察、分类,并开始对他们自己的经验进行归纳。从某种意义上说,当人们不知道事情是如何运作的,也不知道会发生什么事情的时候,创造是唯一的选择。正是通过想象、发明和创造,孩子们赋予他们所看到的和所经验的东西以新的理解。无论是绘画、角色扮演、搭建、构造、舞蹈,还是讲故事,孩子们都必须一遍又一遍地梳理、测试和重新想象他们的经历。想象、发明和创造力也是重要的学习工具,是儿童及青少年了解世界的重要途径。在大自然的游戏里,一个假装是鸟妈妈的孩子坐在他的巢里,给他的蛋加热,并提防着危险,他正在寻找一种方法来应用他所看到和听到的关于鸟类的知识。他正在完善他对鸟类行为的理解。一个孩子用树枝在想象中的河流上搭一座桥,他其实正在探索桥梁工程的物理原理。

为什么想象、发明和创造力对儿童及青少年的成长发展很重要呢? 想象可能是人们拥有的最强大的工具。想象能让人们以新的方式把事情组合在一起,从而形成新的联想和联系,形成新的认识。大自然为孩子们的想象提供了灵感,他们在大自然中可以探索、检验自己的想象,通过发明创造去解决问题,并且在获得成功后会获得自信。儿童及青少年很多时候都喜欢做一些"只是假装的"事情,并通过这种游戏来处理什么是真实的,什么是虚构的,从而建立健康的自我意识。儿童及青少年的身份和自尊也能通过创造性的自我表达而得到增强。当他们参与到想象的活动中,开始创造新的想法,探索新的媒介,他们会慢慢认识到自己是独特的和有价值的。

有哪些可观察到的行为或指标可以揭示儿童及青少年在参与活动的过程中所展现的想象、发明和创造力呢? 以新颖和原始的方式使用材料通常可以作为创造力和发明的标志。假装游戏也是体现想象力的一个常见标志。同时,幽默的出现也是一个更复杂的迹象,因为幽默显示了人们可以将矛盾的想法并置在一起的能力,并能轻松处理由此产生的紧张感。孩子们适当地、创造性地使用幽默表达一个想法,是他们建立并理解了新事物的标志。具体来说,想象、发明和创造力的行为表现如下,即儿童及青少年能够:①欣赏并享受幽默感;②参与假装游戏或假设活动,在表达感受时尝试新的想法和行为,以及使用真实的或假装的对象进行角色扮演;③探索和实验,尝试采用新的方法来做事情,结合和使用材料的方式比较新颖。

大自然是一个很好的激发创造力和想象力的场所。自然界中有无数的生物和丰富的材料可以作为儿童及青少年想象中所加工的事物,如石头、叶子、云朵、花、水和黑夜。创造力是在孩子们探索、实验和尝试不同的材料去制作某一作品的过程中培养出来的。自然世界里总有有趣的事情值得我们去观察和思考:天空中不断出现的云投下了意想不到的影子,鸟儿用娴熟的技巧搭出不同形状的窝,树木的枝干在用不可思议的方式运输和存储水分……有那么多要看的东西,有那么多令人好奇的故事,它们都是人们创造力的源泉。

四、惊奇和敬畏

儿童及青少年在大自然中会通过多种感官感受到各种无与伦比的事物或现象。当他们第一次看到蜂巢的正六边形时,当他们在春天看到千百种不同的绿色时,当他们在黑夜看到萤火虫时,当他们触摸不同树木的质地和纹理时,当他们闻到阳光温暖的气息时,当他们听到安静的森林里风吹打树叶的声音时,你一定会看到他们惊讶地睁着双眼或嘴角微微上扬的样子。哲学家伊曼努尔·康德曾经说过:"有两种东西,我们对它们的思考越是深沉和持久,它们所唤起的那种越来越大的惊奇和敬畏就会充溢我们的心灵,这就是繁星密布的苍穹和我心中的道德律。"当然,我们所惊叹的事物也不完全是美妙和浪漫的,惊叹有时也会伴随着恐惧。这种伴随着恐惧的惊叹可能发生在当你登上雪山之巅、面对万丈深渊时,或者凝视狂风暴雨掀起的巨浪时等。大自然的力量和各种出其不意的"神迹"会让人们感到惊叹和震撼。敬畏是伴随惊叹和惊奇之心的。敬畏是人类的一种复杂而不寻常的情感,混合了许多完全不相关的情绪,如狂喜和恐惧。这样复杂的情感是一种很深刻的个人体验。敬畏之心不会让人去破坏大自然,相反,出于对大自然的尊重,也会让人与大自然保持一定的距离。在感叹大自然的神奇之余,我们对大自然的神奇感到尊敬,同时对大自然的神秘力量怀有一丝畏惧。相比于饱腹的快乐和愉悦,敬畏之心是一种只有人类才有的、更高级的情感体验,是对自然的深邃、高远与神奇经过审慎沉思之后的叹服与崇敬。

为什么惊奇和敬畏之心对于儿童及青少年的成长发展至关重要呢？著名的现代环境保护运动先驱雷切尔·卡森在《惊奇之心》中写道："孩子的世界是清新、陌生而美丽的，充满了惊奇和刺激。对于我们大多数人来说，那种明察秋毫的眼力、对美和令人叹为观止的事物的感受力，在我们尚未成年时就已经变得迟钝甚至完全丧失了。倘若我对仙女有影响力，我会恳求她赐予世界上每个孩子惊奇之心，而且终其一生都无法被摧毁，能够永远有效地对抗以后岁月中的倦怠和幻灭，摆脱一切虚伪的表象，不至于远离我们内心的力量源泉。"虽然这看上去只是一种善良而美好的愿望，但这也从侧面反映出呵护孩子的惊奇之心是多么重要。发现这个世界的快乐、激动和神秘，将有助于培养他们热切而敏感的心灵。如果说关于大自然的客观事实是日后生长出知识和智慧的种子，那么情感和感受就是种子赖以生长的沃土。对未知事物的新奇感和兴奋感，以及其他关于同情、赞赏和爱的情感等，是一个孩子应该尽早学习的事情，这远比向他们反复灌输他们尚未准备好吸收的知识更重要。正如卡森建议："不论我们在哪里，也不论我们有什么样的资源，我们都可以和孩子一起仰望天空，欣赏其黎明和黄昏时分的美，欣赏飘动的云朵和夜空里的星星。我们可以倾听风声，无论是以威严的声音吹过森林，还是以多声部合唱穿过屋檐或公寓大楼的角落……"

敬畏之心让儿童及青少年学会尊重，尊重大自然中每一个神圣的生命。无论是微小的昆虫，还是巨大的猛兽；无论是一株小草，还是一片森林。它们都是生命，都是创造令人惊奇的大自然的一部分。当孩子们学会敬畏和尊重生命，他们便学会了谦卑，他们不会践踏这些生命的领地，懂得理解和欣赏世界的多元，懂得珍惜并留存这些生命的美好，保护它们本来的样子。敬畏之心还让儿童及青少年意识到自己的渺小，意识到人类无须改变或改造自然，也无法与大自然抗衡，不要因为自己的需要就去轻易掠夺自然中的资源。敬畏让儿童及青少年更自律，懂得在大自然中的行为准则和规范，也学会控制自己的欲望。

有哪些可观察到的行为或指标可以揭示儿童及青少年在参与活动的过程中所展现的惊奇和敬畏之心呢？一般来说，只要能够沉浸在大自然中，总会找到令人惊奇的事物或现象。这些事物或现象往往不是那么显而易见,需要调动各种感官去发掘,并且感受那种突然发现它们的喜悦或不可思议。它们可能蕴藏在细微之处,也可能在你跋山涉水后到达的山顶。觉察到惊奇的事物或现象之后,敬畏会随之而来,膨胀的自我会消失,超越的自我会浮现,人们会感受到自己的渺小或微不足道,也会意识到自然的规律或呈现方式背后的神秘性。人们会感受到可为与不可为的边界,甚至会逐渐形成坚定的信念。具体来说,惊奇和敬畏的行为表现如下,即儿童及青少年能够:①觉察到自然中生命或事物的奇特或与众不同之处,感叹自然的魅力;②对一些自然景观或现象感到不可思议,从心底涌现出油然而生的喜悦之情;③被自然的力量或神秘所震撼,感受到自己的微不足道;④逐渐意识到什么事情可为,什么不可为,做事谦卑,对于在大自然中的行为有一定的准则和边界;⑤懂得珍惜和敬重大自然,对于大自然的伟大产生信仰。

曾经有研究者问了这样一个问题:是什么引发了人们的敬畏体验?在参与调查的人中,绝大多数都提到了"大自然",它是最常见的敬畏触发因素。儿童及青少年身处大自然中,不仅可以从赏心悦目的各种自然景观中获得愉悦和惊奇,同时也可以更深刻地感悟自然的神秘、自然的规律、自然的力量等。这一切也是儿童及青少年丰富精神世界和获得无限灵感的源泉。

五、认同与归属感

一个人成熟的过程,就是不断与他人、他物认同的过程,使"自我"得到扩展和深化的过程,是不断扩展自我认同对象范围的过程。例如,在生命早期,我们往往透过他人了解自己。在社会性的自我充分发展后,我们便不再独享一整块蛋糕了,我们会和亲人、朋友一同分享蛋糕,我们会充分地认同这些人,在他们的欢乐中看到自己的欢乐,在他们的失意中看到自己的失意,这就是在自我认同中纳入了他人。而随着自我认同范围的进一步扩大,我们会逐渐在自我认同中纳入其他事物,可能是兴趣爱好,也可能是职业追求。当然,毫无疑问地,我们也可以逐渐认同大自然,认同自然界存在着的其他生命。这种自我认同会缩小我们与其他生物的疏离感,自我的外延逐渐扩展,超越整个人类,进而达到一种包括非人类世界的整体认同,对自然系统和整个星球的深度认同。人并不是与自然界分离的个体,而是自然整体中的一部分,是地球生物圈的一部分,我们会和地球上的其他生命分享一切。大自然里的其他生命如果能够欣欣向荣、快乐生长,我们也会感到快乐,如果它们遭受劫难或破坏,我们也会感到痛苦。这就是在自我认同中纳入大自然的表现,自然成为自我的一部分。

儿童及青少年越早认同大自然和大自然中的其他生命,他们越早能够感受到安全感和归属感。正如我们大部分的安全感和归属感来自家庭一样,如果我们的归属感来源于大自然,那么我们一定会感受到更多的幸福和快乐,因为大自然的神奇、魅力、力量和包容都会成为我们快乐的源泉,是我们面对困难和压力时获得复原和庇护的场所,是我们内心精神枯竭时创造的源泉。如果我们缺少对大自然的认同和归属,缺失跟大自然的情感认同,那么疏离、冷漠会让一个人觉得很孤独。我们无法感受到在大自然中的快乐和安逸,我们就会陷入紧张、耗竭、抑郁的循环中。

为什么认同和归属感对于儿童及青少年的成长发展至关重要呢?首先,当儿童及青少年能够认同其他生命的价值,在大自然中感到安全和有归属感后,他们在情感上便会与大自然之间产生更深的依恋。他们会因为内心的认同和热爱,继而产生一系列保护自然的行动。人们保护自然的动机,不再是一些功利的外部动机,而是来自内心的、情感的动机。对大自然的保护也会反过来增强自我的价值和效能感,人们所保护的大自然也是自我概念的外延,对大自然的热爱和保护也是对自己的关照。其次,在一个人成长的早期,越早建立安全感和归属感,对其日后的发展越有帮助,他可以有稳定的情感,面对压力或不确定时,更容易做出积极的应对。最后,认同和归属感还是儿童及青少年同理心发展的基础。他们会对大自然所经历的一切感同身受,而这种感同身受也会泛化到对周围一切人或事的关切,用友善和爱去对待周围的一切。

有哪些可观察到的行为或指标可以揭示儿童及青少年在参与活动的过程中所展现的认同和归属感呢?人一开始就是源于自然的,本为自然的一部分,因此人的自我基本上就烙印了大自然的"条形码",蕴含着我们与更大的生物群落之间的关系。只是人类由于社会和科技的发展,渐渐遗忘了自己与大自然根本的联结,因此大部分人失去了对自然的认同和关切而不自知。对大自然的认同,本质上是重新找回我们与其他生命之间的联结,在其他生命中看到自己。当我们能在大自然中看到自己时,便会有"回家"的感觉,这种感觉会让我们感到在大自然中的舒适和惬意。在自然体验的活动中,儿童及青少年会在与大自然接触的过程中,发展出同理心,他们会关切大自然中各种生命的处境和命运,会对遭到破坏的环境感到难过和不安,会对保护得完好的环境感到欣喜和惬意。他们会享受在大自然中的时光,享受大自然和不同生命带给他们的美好回忆。具体来说,认同和归属感的行为表现如下,即儿童及青少年能够:①对大自然和其中的生命感同身受,关切它们的处境;②能从大自然中看到自己,能发现自己与鸟兽虫木之间紧密的关联和相似之处;③认同人类也是大自然的一份子,所有生命都有其内在价值,不认为自己会凌驾于其他生命乃至大自然之上;④会出于内心的热爱,而非道德上的约束,去保护大自然;⑤在大自然中会感到放松、安全与惬意,压力和冲突可以在大自然面前得到缓解。

综上,大自然的山川河流、鸟兽虫鱼、一草一木,与我们同样都是有内在价值的生命,我们需要向自然学习。人类透过自我认同的扩展,逐渐将大自然纳入自我的概念中,从而心与大自然联结在了一起。人与大自然的关系不再是支配与被支配的关系,而是"孩子"与"妈妈"的关系,依靠在妈妈身旁,孩子会感到安全、平静而自在。

第三节　流水学习法

自然体验的活动,旨在发展儿童及青少年对自然的感知和情感,并非侧重于环境自然知识的传递。然而,由于儿童已经在室内宅得过久,患上了"自然缺失症",他们对环境和大自然已经不再敏感。因此,在营地里举办自然体验活动时,可以遵循自然教育家约瑟夫·克奈尔所提出的流水学习法,帮助儿童及青少年一步步走近自然,逐渐与自然产生联结。在这个过程中,儿童逐步发展出对自然的认同,逐步感受到大自然的惊奇与美妙。流水学习法将一系列体验活动串联起来,如流水一般,让自然慢慢流入儿童及青少年的心中。其实,流水翻译自英文"flow",也译作"心流",是一种专注而沉浸的心理状态。在这种状态下,儿童及青少年能更好地调动各种感官,更深刻地感知自然。

流水学习法一共有 4 个阶段,分别为唤醒热情、培养专注、直接体验、分享启发,会从一个阶段自然流动到下一个阶段,每个阶段都包含了容易进行、令人愉悦、能够激发兴趣并引人入胜的自然体验活动。遵循这些步骤和阶段,营地导师能快速掌控儿童及青少年的兴趣和精力状态,从而引导他们去深刻体验有意义的大自然。

一、唤醒热情

缺乏热情的人无法获得有意义的自然体验。这里所谓的热情不是那种开心得跳来跳去的兴奋状态,而是个人兴趣与觉察的强烈涌现。唤醒热情的游戏使体验变得更有趣,并且能帮助营地导师和学生快速建立良好的关系。

儿童及青少年往往在几分钟内就能判定是否喜欢某一事物,因此户外的自然活动一定要有好的开始,才能引人入胜。这个阶段中各种好玩的游戏能够创造出强烈的能量和兴趣,当看到儿童及青少年变得活跃、充满热情并且兴趣浓厚时,这个阶段的目标就达到了。

年龄大一些的儿童习惯先冷眼旁观,这时需要选择一些能够快速激发他们兴趣、让他们愿意投入的活动。而年龄小一些的儿童大部分精力充沛,因此需要选择一些能将他们充沛的能量引向所需的方向的游戏。

唤醒热情的游戏形态,从活泼激烈,刺激个人感官,到激发好奇心等,应有尽有。儿童及青少年在活动的同时,会学习到关于自然的有趣知识,并对进一步了解自然产生愉快的联结。此外,欢乐的游戏能使他们彼此之间产生联系,激发好奇心,刺激想象力,因而能促进创造力,使大家感到活力无穷。

总之,唤醒热情阶段的特质是欢乐和活泼,以人们对玩耍的热爱为基础,创造充满热情的氛围。在此过程中发展大家的主动性,克服被动性;制造每个人的参与机会,并将纪律问题减到最少;建立参与者和营地导师与活

动主题之间的契合关系,培养正向的团队精神,为稍后更深层次的觉知体验做好准备。

二、培养专注

体验自然需要专注,仅有热情是不够的,散乱的情绪会使儿童及青少年无法对大自然或任何事物保持积极的观察和觉察。在活动的第二个阶段,我们要将儿童及青少年的热情和兴趣导向培养专注的活动,使其开始留意并接收大自然的信息。

要对大自然保持觉察,就必须对它保持专注。想知道全神贯注究竟有多重要,可以尝试进行以下实验:请来到一处景色特别迷人的野地,凝视周围的一切,享受自己看见与听见的一切,当自己开始关注时,一切都变得鲜活,活跃起来。接着当自己的思绪开始分散,自然世界也从自己的脑海中消失了。继续观察自己的觉察如何流动,觉察自己在何时是全然处于当下,何时不在当下,只有在全神贯注时,自己才能面对大自然,真正地认识它。

这个阶段的游戏为人们提供的是一些关于专注的挑战,儿童及青少年需要集中注意力才能有效地完成任务目标。当他们全心投入任务中时会变得有观察力,更平静,而且容易接纳。这一阶段的活动搭建了一个完美的桥梁,将活泼热闹的游戏衔接到稍后的深入体验中。

流水学习法的前两个阶段可以灵活调整和应用,这需要根据团体的情绪状态来判断。倘若大家都累了,可以运用活泼的游戏为他们充电;如果他们太喧闹,可以用缓和人心的专注活动使他们安静下来。

总之,培养专注阶段活动的特质是发展感受力,增加儿童及青少年集中精力的时间,透过培养专注力来深化觉察力,正向传导前一阶段所创造出来的热情,同时帮助他们进一步发展出观察技巧,并缓和心绪。

三、直接体验

沉浸在大自然中,能使儿童及青少年与大自然的某些方面产生深层联结。直接体验的活动是以热情与接受能力为基础的,通常是安静且具有深意的活动。这些体验使他们与一只鸟,一座长满树林的山丘,或任何自然物面对面时,能够获得直观的自然经验。直观的自然经验是不经过理性与逻辑思考的经验,能为他们提供直接且源自内在的对自然的感受。

认识自然的秘诀在于达到忘我的状态,而这来自与自然世界的深刻接触。当儿童及青少年完全投入自然,即使是在短暂的片刻,一切都会变得鲜明活跃。这一阶段的所有活动都能使儿童及青少年沉浸在自然之中。科学研究显示,与自然有所接触,更能使人们觉得活着有所敬畏、有所联结,在流水学习法的体验活动中,对生态的关切会自然被激活。

这个阶段的活动,如呼唤鸟儿来到身边,与一棵树特别的相会,蒙眼摸索前进等,使儿童及青少年能够与自然世界产生亲密的互动。要让他们对地球有关切之心,需要让他们拥有深刻而又敏锐的自然体验,否则他们与自然的关系将停留在抽象、遥远的层次,永远无法被深刻地触动。

总之,直接体验阶段活动的核心是与自然亲密对话,促成深层觉察与直觉式理解,激发好奇心、同理心与爱,促进个人获得顿悟、启发与艺术灵感,唤醒与大自然某些部分的持久联结,感受大自然的整体与和谐。

四、分享启发

通过反思及与他人分享,那些共通的但往往未说出口的事物可以在群体中得到交流,并引起共鸣。经过分享和互相启发,儿童及青少年与活动主题及与彼此的关系将更加紧密。分享启发阶段的活动会创造一股安全感,使他们愿意把对大自然的感受通过各种方式呈现出来。

这一阶段的目标是反思经验,让儿童及青少年彼此分享个人的经验。仅仅拥有体验并不够,对体验进行反思可以厘清、强化体验所蕴含的意义,运用艺术、创意写作、故事、诗歌、画画等方式,可以捕捉和表达每个人的经验,有助于在团体中展开分享。这一阶段的功能就像一条大河,将各个小支流的启发汇聚成一股动态之流,滋养并统合所有的临川居民。

分享也可强化并促进团体的理想,创造出令人振奋的氛围,使儿童及青少年彼此能在感受余温未散的时刻中,更轻松地分享具有启发性的故事与想法。这一阶段的活动使儿童及青少年对自然的爱得到升华,创造出一股完整的和谐感,并鼓励他们与自然世界建立更深刻的、共荣的联系。

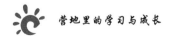

总之,分享启发这一阶段活动的核心是塑造理想。儿童及青少年的个人经验可以得到强化,对大自然的感受可以得到升华,同时与团队中的其他成员彼此联结,在这个阶段会形成热爱大自然并希望持续保护大自然的理想。

小结:流水学习法描绘了儿童及青少年在大自然中体验的不同阶段,每个阶段都有其具体目标和意义。它的节奏使卢梭提出的通过感受认识世界、认识自然成为可能。在流水学习和体验的过程中,理想状态下,儿童及青少年的脸庞会因为纯粹的愉悦和内在的领悟而散发光芒。

流水学习法四阶段的顺序不是一成不变的,例如,低年级儿童的注意力可能无法持久,在阶段三的安静活动后,可能需要紧接着安排一些阶段一的活泼游戏,或阶段二中用来稳定心情的活动。同样,对于年龄稍大一些的青少年来说,阶段三和阶段四的活动比重可以增加,以推动他们更多、更深入地反思。当他们的兴趣高昂,在好奇心的驱使下开始提出问题时,也许就是充分开展分享和讨论的时候。流水学习法是以学习者为中心的,而非是主题导向的。总之,流水学习法需要让儿童及青少年在大自然中保持沉浸的心流状态,从而让大自然走入他们的内心世界。

第四节　自然体验活动案例

在本节,我们分别针对流水学习法的不同阶段,各选取两个游戏案例进行介绍。每个游戏活动的流程并不复杂,组织者也可以根据营地环境的条件来适当改编游戏,注重让参与者能有沉浸式的自然体验,在心流中获得成长。

一、唤醒热情阶段的游戏活动

(一)猜猜我是谁

这个游戏开始前,每个人身体背后都贴有一张动物的图片,当然,可以是野生动物,也可以是昆虫、植物等。需要注意的是,这种动物或植物对于相应年龄的儿童及青少年来说是容易识别并在他们的知识范围内。以动物为例,可以使用写上动物名称的纸卡,但更推荐使用动物图片,在纸卡或图片背面还可以写一些描述动物的相关信息,使参与者在游戏结束后还能够了解动物们更详细的特性。

　　游戏开始时,由于每个人无法看到自己身上的动物图片,因此他们需要去找一个人来问一问。通常,他们可以向每次遇到的人提出 1～2 个问题,可以提问动物的特性,但不可以直接问动物的名称。例如,可能的问题是"它会飞吗?""它有羽毛吗?""它可以被养在家里吗?"被问到的人在回答问题时要以"是""不是""我不知道"作答,鼓励大家在不确定答案时要说不知道,因为错误的信息会令想知道答案的人感到困惑。

　　正确猜到自己背后动物名称的人,可以把纸卡或图片从背后移到胸前。游戏的目标是让每一位参与者都能猜到动物是什么。对于年幼的儿童来说,正确答案只要是小鸟即可,但对于经验丰富的高年级学生来说,答案需要是鸟的名称或者种类。

　　这个游戏能够快速让大家熟悉起来,并且能够学到不同动物的特征。在猜完后,大家可以围坐一圈,分享一下猜测过程中的趣事,或者自己与这个动物之间的故事。在分配动物图片时,营地导师还可以根据参与者的性格特点或者相关线索,分配相对应的动物给他们,让他们在猜到自己背后是什么动物后有一个惊喜。也许,这对于第一次开展自然体验的儿童及青少年来说,他们还可以从这个游戏中获得自己的自然名。

　　(二)蝙蝠抓飞蛾

　　蝙蝠是利用回音定位,而非靠它薄弱的视力来追踪飞行中的昆虫。这个游戏能通过体验的方式让大家感受回音定位的原理、动物的适应力,以及掠食者与猎物之间的关系,并且可以促进儿童及青少年更深地倾听与专注。

　　游戏开始时,营地导师让大家围成直径 4～6 米的圆圈,征求 3～4 位扮演飞蛾的志愿者,以及 1 位扮演蝙蝠的志愿者,扮演蝙蝠的人需要蒙着眼睛并能自由移动,他需要自信地在圆圈中奔跑起来才能追踪到猎物飞蛾。所有飞蛾及蒙眼的蝙蝠都站在圆圈内,蝙蝠的目标是要触碰到每只飞蛾,被触碰到的飞蛾则站到圈外。蝙蝠可以利用回音定位来侦测飞蛾的位置。为模仿蝙蝠天生的声呐信号,扮演蝙蝠的人要喊"蝙蝠、蝙蝠、蝙蝠",每回蝙蝠发出喊声,飞蛾必须回应"飞蛾、飞蛾、飞蛾"。蝙蝠和飞蛾可以在圆圈中自由移动,慢慢地,蝙蝠离飞蛾越来越近,最后摸到飞蛾,当蝙蝠抓到所有飞蛾时游戏便可结束。当然,如果时间允许,可以多玩几轮。

其他围着圆圈的参与者,目的是不让蝙蝠和飞蛾跑出圆圈的范围。这个游戏对于扮演蝙蝠的孩子来说,相当具有挑战性。如果蝙蝠一直抓不到飞蛾,导师可以让圆圈上的每个人往前踏一步,如果蝙蝠还是抓不到飞蛾,圆圈可以进一步缩小。当然,蝙蝠也可以更快速地发出声音寻找定位,从而减少飞蛾逃跑到更远处的机会。其实在真实的野外,蝙蝠在越靠近猎物时,声波呼叫的频率也越高。围成圆圈的孩子在观察蝙蝠捕捉飞蛾时,通常会变得非常兴奋,导师需要提醒他们尽量保持安静,这样蝙蝠才能听见飞蛾的回音和脚步声。

二、培养专注阶段的游戏活动

(一)声音地图

自然界的声音能形成迷人的大合唱,孩子们在玩这个游戏时,能出人意料地专注而安静地坐着,为周遭的声音绘制地图。

游戏开始时,发给每个人一张中央画了"×"的纸,告诉参与者要在这张纸上绘制声音地图,"×"代表参与者所处的位置。当听到声音时,在纸上画个符号代表那个声音。符号的位置要能体现声音和参与者之间的距离及相对的方位。在绘制声音符号时,不需要详细绘制,只要画个简单符号即可,例如,几道波浪线代表一阵风吹来,用音符代表唱歌的鸟,只画简单的符号,便能使专注力保持在聆听上,而非画画这件事上。

鼓励参与者在聆听声音时闭上眼睛,若要加强听力,可以告诉参与者将手掌举成杯状放在耳朵边,从而扩大捕捉声音的面积和范围。掌心向后,还能更轻松地聆听到身后的声音。

想要听见多种自然声音,最好选择包含了多种栖息地的区域,如草原、溪流和森林。参与者首先有 1 分钟时间找到自己感到舒服的聆听地点,1 分钟的时间能使大家尽快静下来而不去四处游荡太久,干扰到其他人。在绘制地图时,不需要移动,保持在一个固定地点即可,直到收到活动结束的信号为止。这个游戏可以根据环境声音的丰富性开展5~10分钟,甚至更长的时间。

游戏结束后,参与者可以先两人一组,互相分享自己绘制的声音地图。一些启发式的问题可供参考:你最熟悉哪些声音? 你从未听过哪些声音? 你知道是什么创造出那个声音吗? 你最喜欢什么声音? 为什么? 两人彼此分享后,大家还可以围坐在一起,进入大组的分享。

安静地聆听附近树林里的鸟儿、蟋蟀、树叶及野草发出的舒畅声音,这些声音能使人很快沉静下来,从而触发人们对周围生命的惊奇之心。声音地图是让人们对环境有更多细微觉察的非常适宜的活动。

(二)伪装步道

顾名思义,这个游戏需要在一段自然的步道里布置一些非自然的物品,待游戏参与者去发现它们。这些物品伪装在大自然中,可以激发参与者的观察能力。

营地导师需要事先将20种左右的物件(数量根据人数和时间限制可以适当增减)放在长25~50米的步道上或步道两边,这些物件要能融入植被和地面的覆盖物。游戏的目标是让每一位参与者都尽可能发现最多的伪装物件,大家各自为战,不需要团队配合完成。

当大家准备进入伪装步道时,每个参与者随即变得专注,而且目光犀利,去努力寻找诸如生锈的铁钉、银色的硬币、木质衣夹或其他物件,这个游戏能增强参与者的观察能力。游戏结束后,相信参与者都能发现四五米外一双蜥蜴在眨眼睛,或者隐藏在草丛中的一小片塑料垃圾。

参与者在步道上仔细观察的过程中,不需要将物品捡起来或者说给大家听,他只需要在心里默默计算一共看见多少物件即可,甚至不用记住看见了什么。为了增加悬疑的气氛,营地导师要对物件的总数保密,学员走完步道后,可以悄悄告诉营地导师自己总共看见多少物件。营地导师可以回应他看到的比例,如恭喜他已经发现了总数的四分之三的物件。

在第一次行走完步道后,营地导师可以邀请他们再走一次,并且在靠近隐藏物件的地方指出这些物件,同时将它们收回到袋子里以免垃圾遗留在大自然中。在这个过程中,参与者还可以顺手捡一些不是预置在步道上的垃圾。参与者在游戏结束后,也会意识到人造物品之于大自然是那么的不和谐。

更高明的伪装物可以让儿童及青少年投入更久的时间。例如,可以是一面小镜子,略朝下方放置在地上,映照出森林的落叶,用树枝覆盖镜子的边缘,使它几乎难以被人发现。若人数太多,可以让大家从步道的两端同时出发,或者开辟多条步道。

在步道的选择上,最好植被丰富,不宜光秃秃的。步道上方可以有多种树木,地上可以有植物落叶、低矮的灌木或草本植物覆盖等。步道最好足够宽敞,至少可以让两个人错身而过。为了使参与者留在步道上,而不是走向隐藏的物件,可以在步道两侧拉一条绳子。此外,为了更有变化,将物件摆放在不同的高度和距离也可以提升游戏的难度,但最多不要超过步道边缘2米左右的距离。

三、直接体验阶段的游戏活动

(一)遇见一棵树

树能提升人的心灵,使人心平气和,并为人们提供心灵与创意的启发。遇见一棵树,可以使儿童及青少年与树建立难忘的联结。

游戏开始时,将参与者分为两人一组,其中一人戴上眼罩,另一个人负责引导蒙眼的人前往某棵特别的树。跟这棵树见面时,蒙眼者先去感觉树皮的质地,用双臂环抱它,感受它有多大,摸索树的枝干和叶片。引路者可以安静地将蒙眼者的手放在树上有趣的部位,如一个枝杈或者一个树洞。为了激发参与者的兴趣,营地导师可以告诉参与者:这座森林里有一棵树,从你出生那天起便一直等待着与你相见。参与者听到这段话后会感到非常感动,并且急着想要见到自己的树。当参与者认出自己的树时,他的表情立即变得灿烂无比,仿佛两位久未相见的老友重逢。

当蒙眼者熟悉了自己的树之后,引路者把他带回起点并摘下眼罩,接着他需要凭借感觉的记忆试着找到自己的那棵树。一般来说,树在距离起点20~30米的地方为宜。这个游戏非常适合在一个密林里开展。大家可以体验在自然中的定位能力。

（二）照相机

照相机游戏可以安定人们纷乱、躁动的情绪,让人们看清周围的世界。照相机游戏两个人一组,一个人扮演摄影师,另一个人则扮演人体照相机,摄影师要引导闭上眼睛的人体照相机寻找迷人美景。当摄影师看到某个喜欢的景致时,就将人体照相机对准目标,并用手在人体照相机眼前比画一个取景框(可以用相框或木条编成的方框替代)。当摄影师在人体照相机的肩膀上轻拍两下,人体照相机开启快门,也就是睁开双眼,3秒后摄影师在肩膀上再拍第三下,请人体照相机再度闭上眼睛。切记,总共曝光的时间是3秒,不宜过长,以确保注意力,全程专注在景色的焦点上,这幅美景才会在人体照相机心中留下美妙的感受。曝光的时间太久,眼睛和心思都会开始漂移,从而打破美景的惊艳冲击。

鼓励摄影师与人体照相机在行走时保持安静,只在绝对必要时才说话,以增强人体照相机的体验。人体照相机在闭上眼睛时,不具有视力的期间会扩大其他感官的经验。在拍摄4~6张照片以后,人体照相机与摄影师的角色可以互换。

摄影师与人体照相机之间往往会因为这个强烈的经验而建立融洽的关系,大家会因为看到惊艳的美景而开怀大笑,甚至感动得哭起来,这是令人感到无比温馨的画面。

四、分享启发阶段的游戏活动

（一）折叠诗

折叠诗,顾名思义,大家将一首诗写在折叠的纸上。这是一个大家共创的过程,彼此在大自然中的美妙体验,将会编织出一首动人的诗歌。

将参与者分为3~5个人一组,发给每组一支笔及一张纸,每组要创作一首诗,表达他们在大自然中的感受和体验。以下是创作的步骤,以三人为例。

首先,第一个人A写下诗的第一行,然后传给第二个人B,B接着A的诗句继续写两句,每句一行,然后将纸沿着所写的两行诗句的中间折叠,并传给第三个人C,因此C只能看见B写的第二行诗,但看不到A写的整个诗的第一句,也看不到 B 写的第一句诗。C 接着 B 所写后一句诗,也写下两行诗,同样,将纸沿着 C 所写的两行诗句的中间折叠,并传回给 A。于是 A 只能看见 C 写的第二行诗,而看不到 B 写的诗和 C 写的第一行诗。A 根据 C 的第二行诗,写下这句诗的最后一行。最终经过三人的共同创作,形成了一首完整的诗。

折叠诗的活动可以运用在不同人数的活动中,只要确认接到纸的人只能看见前一个人的最后一行诗即可,最后,由为诗开头的人为诗收尾。

在创作诗的过程中,每一位参与者只知道诗的部分内容,这个活动的美妙之处在于,这是个团体共创的体验,创作出来的诗将具有奇妙的连续性和生命力。当每一组都完成创作后(大约 10 分钟),可以组织一个诗歌朗诵会,请各组朗诵自己的作品。所有人一定会惊讶于彼此感受的不同,以及背后所流动着的相似的对大自然热爱和赞美的情绪。

(二)给自己的一封信

在儿童与大自然产生深刻联结的神奇时刻,应该记录下来这些让生活更有意义的念头,通过给自己的一封信,营地导师将捕捉到孩子们得到启发的当下状态。1 个月后将这封信寄给他们,可以提醒他们生命中美妙的瞬间和更崇高的理想。

这个活动有两个重要的价值:一方面写这封信能够加深参与者对这场自然体验活动的印象,另一方面收到这封信时则可增强他们想要更亲近大自然的意愿。

这个活动很简单,就是在即将结束活动的时候,在一个安静舒适的环境下,请每一位参与者为自己写一封信,然后放入寄给自己的信封中,作为自然启迪心灵活动的结尾。写信时,要让参与者注重描述此时此刻的感受,以及想要从这段与自然关联的时光中回忆起什么。参与者需要知道,不会有人会阅读到他们的信件,而且营地导师会在 1 个月后将信寄出。将信封在信封里,投入信箱的过程更加有仪式感,以升华自然体验的活动,并帮助儿童及青少年过渡到日常的生活中。

第一节　营地里的项目学习

一、项目学习的定义

项目学习（project-based learning，PBL）是一种以学生为主体，链接真实世界的事件，在一段时间内团队共同解决一个复杂问题或完成一项综合性任务，学生经历全过程，通过亲身体验、深刻理解来获得知识及技能发展的学习方式。在一定的时间内，学生根据驱动性的问题，选择、计划、提出一个项目构思，通过打造原型、实地调研、展示分享等多种形式，解决一个真实的现实问题。

通常在学校，一个项目学习的周期需要数周时间，几十个课时。将项目学习引入营地教育中，不失为一种好的策略。一方面，营地户外有大量丰富的真实情境，可供儿童及青少年去探究；另一方面，他们可以在相对集中的时间内，通过合作和探究，沉浸在解决问题的过程中，不被其他课业所打扰，因此更接近真实的解决问题的过程。他们可以目睹项目的成败，收获来自同伴的反馈，并与同伴分享项目完成时所带来的成就感和喜悦。

从学习的关键维度来看，项目学习基本可以归纳为以下几个关键方面。

（1）学什么：项目学习的主要学习目标是面向未来，串联起不同学科的知识和核心技能，以应对未来的不确定性。在当今信息爆炸的时代，知识的更迭速度飞快，仅掌握死记硬背的知识或通过应试，已经无法适应未来的社会,未来的社会需要的是综合性的、跨学科的、围绕真实问题而组织起来的知识和技能,这些知识和技能不是仅通过书本获得的,更是通过解决现实世界真实的问题来获得的。例如,美国的共同核心国家标准(Common Core State Standards)和现今其他的主流教育都强调了知识和技能在现实场景中的应用,以及其他"成功素养"的培养,包括批判性思维、解决问题的能力、团队协作的能力、沟通交流的能力和公开演讲的能力等。项目学习能有效满足上述技能的发展和培养。

(2)为什么学:项目学习是为了解决未来世界的真实问题,实现知识的社会价值。项目学习将儿童及青少年与真实世界联系起来。通过项目学习,他们得以探究和解决那些对他们自己、对社区或对世界有意义的问题。在项目学习过程中,他们有机会置身于真实的环境中,这些经历有助于他们发现和发展自己的理想和兴趣。一个好的项目还能帮助儿童及青少年发挥他们的潜能,甚至完成一次蜕变。项目成果对真实世界产生的影响能激发他们内在的使命感和目标感。他们会看到自己身边的整个世界正因为他们的努力而发生着改变。

(3)怎么学:在项目学习的过程中,儿童及青少年通过学习小组、自主探究来获得知识和素养,并培养了动手实践能力。儿童及青少年的学习是主动而非被动的。他们有机会把课内所学的知识与现实社会建立链接,因此他们的学习也变得更加投入。相比于传统的说教,主动探究的形式让他们对所学内容的记忆更长久和深刻。也正因为如此,他们可以更好地将项目中所学习到的知识、技能迁移到其他场景中。

(4)学得如何:对于项目学习的评价有多种维度,包括考量他们所获得的知识和技能,他们习得的解决问题的方法,以及最终完成的项目作品的质量等。多维度评价确保了学习过程的有效性,确保了每一个人的潜能都可以得到激发。

总之,儿童及青少年自身始终是学习的主人,在学习过程中占据主体地位,项目学习的导师仅作为辅助和引导的角色;项目任务是解决实际生活中的问题;学习的内容是关于面向未来的知识和核心技能的掌握;学习的最终目标是完成跨学科的知识的综合建构。

二、项目学习的基本要素

项目学习模式中有 4 个最基本的要素：内容、活动、情境和结果。

（一）内容

项目学习模式中的内容，或者说项目，一定是源自现实生活中有价值的真实问题，是完整的而非支离破碎的知识片段，是具有探索性的开放问题，有继续探索的可能。项目将知识的完整性和系统性能够完美地串联起来。

（二）活动

项目学习的学习活动是儿童及青少年采用一定的技术和研究方法来探究真实问题的过程。儿童及青少年自行制订行动计划，包括寻找素材、分配工作任务、分步实施等，最重要的是他们通过行动完成这些自行制订的计划。在此过程中，他们积累了解决真实问题的实践经验，为适应未来工作做铺垫。营地导师在活动中需要提供丰富的信息，引导参与者跨过一个个学习的里程碑，最终完成项目。

（三）情境

在项目学习中，营地导师要为儿童及青少年提供探究的学习情境，包括物质实体情境或者信息虚拟情境。在这些情境中，儿童及青少年与他人分享学习经历，发展自己的社会交往和沟通技能，最终促进相关概念的理解，在整个情境中形成高度合作的氛围。

（四）结果

项目学习的结果是产生丰富的项目学习成果，促进儿童及青少年掌握解决问题的相关技能，提高合作学习能力，并能够运用到终身学习当中。有效的反馈和评价可以让儿童及青少年将各种在解决问题过程中所获得的知识和技能综合起来，并将社会情感、自我调控等素养与现实生活紧密相连。

根据上述项目学习 4 项基本要素，项目学习模式的基本特征可以概括为以下几个方面：真实或接近真实的问题情境，合理复杂的学习任务，强调儿童及青少年共同参与的项目活动；运用多种信息技术和认知工具，进行交叉

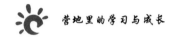

学科知识的学习;强调合作的人际关系和学习氛围;最终的作品或者问题解决方案需要有真实的价值。

三、项目学习与儿童及青少年的成长

项目学习是培养创新型、复合型、解决未来问题人才的重要学习方式。儿童及青少年以团队的形式,完整地经历提出问题、规划方案、修订方案、解决问题、形成成果、展示交流、评价改进等各个阶段。在持续互动中,他们经历复杂推理、思辨决策、远端迁移等综合、复杂的问题解决过程,获得知识与技能,不断发展实践应用能力、迁移创新能力、跨领域合作沟通能力等。这些都是儿童及青少年应对未来世界挑战所必不可少的素养。

具体来说,第一,在选择、确定项目的过程中,儿童及青少年观察真实的世界、思考现象背后的本质、提出问题的能力等得到锻炼,他们得以跳出某一学科的束缚,综合性地从真实世界中发现问题。第二,在设计、修订方案的过程中,儿童及青少年可以进行跨学科思考、整体设计、选择方法、形成思路和解决方案。第三,在实施、完成项目的过程中,儿童及青少年动手实践、设计产品、制作产品的能力得到提升,同时他们承受挫折、寻求多种解决方法的能力得到加强,逐步学会时间管理和项目管理的技能。第四,在交流、展示的过程中,儿童及青少年可以锻炼总结提炼、学术表达、有效沟通的能力,并经过全过程的体验,感受到成功带来的愉悦。第五,在反思、改进的过程中,儿童及青少年可以学会接收反馈、与同伴对话、深入分析、反思改进。

第二节　为未来做真实的准备

项目学习的魅力在于它的真实性。项目学习的"真实性"包括真实项目、真实情境、真实学习和真实评价4个要素。真实项目让项目学习与社会生活紧密相连;真实情境让知识回归其产生意义的具体环境;真实学习让儿童及青少年通过体验生成和建构知识;真实评价让儿童及青少年的学习技能得到发展,也让项目学习通过不断迭代实现螺旋式上升。一切都是真实的,因为项目学习是在为真实的未来做准备。

一、真实项目

项目学习中的真实项目通常通过 4 种途径来体现。

(一)真实的社会需求

项目是为了满足真实世界的需求,学习者创造的产品有真实的社会意义和价值,真的会被人们在现实生活中使用。例如,为污染的河流设计一种净化水的方案,或为拥堵的城市设计一份疏解交通的方案。

(二)真实的生活议题

项目关注真实的生活议题,与学习者的生活有直接关系。例如,为营地设计一份环境标识系统,或者为社区的残障人士设计一场筹款募捐活动。

(三)赋予角色类

在项目里模拟一个真实的场景,在场景中学习者被赋予了真实的角色,并要真正履行角色的职责。例如,学习者模拟救灾团队,搭救在雪山上失联的登山者;模拟餐饮企业的团队,为区域内的学校合理配餐。

(四)体验真实的工作流程

项目探究过程采用成年人在现实环境、工作中真实会用到的方法、工具、流程、标准等,学习者必须按照诸如设计师、科学家、企业家或项目经理的真实工作流程工作。例如,学习者作为记者,采访村民的生活情况;学习者作为设计师,种植一片有机菜园。

总之,项目的真实性可以让儿童及青少年迅速进入角色,从而激发其真实的意愿,运用其真实的能力,将在此过程中收获和学习到的新知识和技能直接运用到真实的未来中,解决真实的问题。

二、真实情境

为了将所学的知识技能运用于现实生活问题的解决,真实情境中的学习应运而生。学习的真实情境有 4 个特点:①提供一个可以映射知识运用于现实生活的真实性背景;②真实性活动;③提供专家演示的过程;④提供多重角色和多种视角。

真实情境强调了知识只有回归到具体的、真实的情境中才有意义,因为知识就是在具体真实的情境中产生的。知识的学习与掌握不应该忽视知识发生发展的生活情境。因此,只有生活中真实的素材才能作为项目学习的内容。真实情境中的学习活动一定是参与性和互动性的,在参与和互动中,提供给学习者以多种角色和视角,从而使学习者可以立体地审视具体情境中的复杂问题,从不同维度进行全方位分析和考量,并通过参与和反思生成知识。这种真实情境下有意义的知识,才能够被应用去解决未来的实际问题。

三、真实学习

真实学习包括与社会资源的链接、知识的建构、真实的合作学习与真实的成果。

项目学习的导师是项目学习中资源的链接者和提供者。这里的资源既包括与社会生活紧密相连的文本素材,也包括人力资源,即项目所涉及问题领域中的专家。这些资源让项目学习能够链接到真实的社会生活中,拓宽了学习的场域。

项目学习的理论基础是建构主义,建构主义认为每个学生个体都带着原有零散的知识和碎片化的生活经验走到教育场域,如学校和营地。导师的功能更多的是提供脚手架,帮助儿童及青少年将知识进行重构,生成有意义的知识体系。因此,导师和学生形成一个有机的学习共同体,通过质疑和参与,二者紧密相连互动。

在项目学习中,合作学习是必要的,也是重要手段。但合作的前提是以个体为主的独立学习和独立思考。合作学习是双向流动的过程,一方面,在以小组为单位的同伴交流中,每位小组成员都要分享自己的智慧,贡献自己独立学习所得;另一方面,在小组分享中,通过每位成员的个性化表达,彼此汲取营养,完善自己的知识体系,形成知识建构。

由于项目学习开始于一个真实的社会问题,因此,项目学习产生的成果应是有社会意义的。成果可以是有形的,也可以是无形的,但一定不是停留在纸面上或虚拟的,而是可以应用到实践中去的。

以上真实的资源、知识建构的过程、合作的过程及产出的成果,确保了项目学习过程的真实。当不确定的未来真的到来时,儿童及青少年才不会手足无措,因为这一切他们都曾经历过。

四、真实评价

项目学习非常强调真实的评价。评价的目的是更好地促进新的学习和项目的更新迭代,因此项目从设计、实施到最后的评价是一个螺旋上升的过程。评价通常从 4 个维度来进行:知识的获得与应用、独立学习、团队协作、有效交流。

在知识获得与应用方面,评价重点多体现在儿童及青少年是否掌握搜寻、过滤、分类和消化数据的能力;是否能发现知识之间的相关性;以及是否可以应用及转化所学的知识。在这一方面,儿童及青少年发展的技能包括探究、分析、创新、理解和应用。有效的项目学习实现的是高阶学习,使用的是高阶认知策略,如问题解决、决策、实验等策略。高阶学习能够整合传统教学中的低阶学习。

对于独立学习,评价重点多体现在儿童及青少年是否能够计划及监控自我的学习。独立学习的技能包括学习计划、时间和自我管理,以及遇到困难时懂得寻求帮助和自我激励。

对于团队协作和有效交流,评价更多地集中在儿童及青少年是否能够有效交流知识和观点,是否掌握分享、倾听、讨论、团队协作的技能。

总之,真实性是项目学习的根本特征,它使项目学习紧密地联系了知识和社会,为儿童及青少年适应未来的社会生活打下了良好的基础。

第三节　项目学习与引导的黄金准则

营地导师设计项目学习活动,以及在组织和引导项目学习的过程中,可以遵循项目学习的黄金准则。这套黄金准则描绘了高质量的项目学习的流程和核心要点。黄金准则主要覆盖 3 个方面:学生的学习目标、项目设计的核心要素及导师开展教学的核心要素。

一、学生的学习目标

任何精心设计的项目学习,都需要把它的焦点和中心放在如何帮助儿童及青少年更好地适应未来的社会生活上。有人指出,未来是 VUCA 时代,所谓 VUCA 时代,就是指我们正面对着一个易变(volatility)、不确定(uncertainty)、复杂(complexity)和模糊(ambiguity)的世界。儿童及青少年当下所学习的学科知识也许不足以帮助他们更好地适应 VUCA 时代。他们需要更加综合的能力,如辩证地思考问题、解决问题,与他人进行良好的合作,能进行高效的自我管理等。同时,一些能力和品质如毅力和创造力,也是十分关键的。

一个好的项目能让学生在参与的过程中体会到易变、不确定、复杂和模糊性,从而在学习的过程中发展出辩证思维能力去探究真相,发展出解决问题能力去应对复杂局面,发展出合作能力去面对模糊、不确定等。项目学习最重要的黄金准则便是要指向这些学生发展的目标。

二、项目设计的核心要素

(一)有挑战性的问题

一个待探究或待解决的问题是一个项目的核心。这个问题可以是具体的(如营地应怎样做到零废弃)或者抽象的(如人类文明与非文明的界限在哪里)。当儿童及青少年能参与一个问题的探究时,他们的学习会变得更有意义。他们学习不再是为了单纯地记忆某个考试内容,他们学习是因为他们真正地需要一些知识来帮助他们解决一个自己所关心的问题。这个问题应该具有一定的挑战性,但同时又不能难到让他们望而却步。因此,在设计或者执行一个项目时,建议将待探索的核心课题以一个问题的形式抛出。这个问题应该是开放式的且易于理解的。就像围绕一个论点展开一篇文章一样,儿童及青少年将围绕某个问题进行深入的探究。

(二)持续性的探究

相比仅仅从书本或者网络上被动查询信息,探究是一个更主动、更深度地收集和调查信息的过程。这种探究的过程需要花费一定时间,因此项目通常无法在短短的几节课内完成。在项目学习中,探究是一个不断迭代的过程。当儿童及青少年面对一个具有挑战性的问题时,他们会进一步提出自己的问题,通过收集资料尝试解答问题,之后他们会提出更深刻的问题。这个过程会持续、循环直到他们得到一个满意的答案或解决方案。项目学习过程中需要整合不同的信息资源,有些来源于较传统的调研方法(如阅读一本书或者搜索一个网站),有些则来源于真实世界的反馈(如与某个领域的专家进行访谈)。

（三）项目的真实性

前面已经专门论述过,项目学习与其他形式学习的最大差别在于它非常重视真实性。儿童及青少年面对真实的问题,在真实的场景中,通过真实的学习,获得真实的评价。

（四）发言权和选择权

在项目中给予儿童及青少年发言权,能激发他们的主人翁意识。他们在关心项目的同时也会更加努力。项目中,他们如果不能依据自己的判断来解决问题,那这种项目只会让他们觉得是在完成作业或者是按照指令完成项目而已。儿童及青少年应该尽可能地在项目的各个环节充分参与,从提出问题,到为解决问题寻找资源,再到明确团队中的角色及分工,以及最终创造一个产品。甚至课题及项目开展的方式都由他们自己决定。

（五）反思

著名教育家约翰·杜威曾经说过:我们不是从经历中学习,而是从反思经历的过程中学习。儿童及青少年和导师都应该在项目的整个进程中不断反思学习的内容、方法和目的。这种反思可以是非正式的,如以讨论或对话的形式开展。但这些反思应该被包含在项目日志、项目评价、项目关键节点的讨论和作品的公开展示中。对所获得知识的反思能够帮助儿童及青少年巩固所学知识,并思考如何应用到项目以外的地方。对于技能素养的反思,则能够帮助他们内化这些技能的意义,为面向未来做好准备。对于项目本身的反思,包括项目的设计和实施,能够帮助他们发现项目需要改进的地方,也能帮助导师提高项目学习的质量。

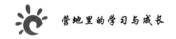

（六）评价与修改

在项目学习的黄金标准中，高质量的作品是一个重要的标志，而这样的成果离不开全面深入的评价与修改。在项目学习中，儿童及青少年需要学会如何给予和接受同伴建设性的意见，并基于其来改善项目的进度和产出成果。他们需要学习使用评估量表、评估模型等评估反馈工具，并学习正式反馈和评论的技巧。除同伴和导师外，项目之外的成年人和专家也会参与评价过程，这些人代表了来自真实世界的反馈意见。

（七）项目产出的公开展示

在项目学习中，项目产出可以是一个实实在在的东西，也可以是一个解决方案或对一个问题的回答。让儿童及青少年公开展示其项目成果将大大提高他们在项目学习中的积极性，同时也有助于促成高质量完成成果。如果项目的吸引力不足，他们很容易就懈怠，不认真对待项目过程，也不关心项目成果的质量。但如果他们需要向外界的公众展示他们的成果，他们的表现会大大提升，因为没人想在公众面前出丑。项目产出的公开展示还将有效促进讨论，并能延续日后的学习。通过完成一个项目，创造一个作品，儿童及青少年把所学的知识具象化，大家可以尽情地讨论学习的内容、学习的方法、可被接受的评估标准。此外，项目产出的公开展示可以有效地向家长、社区成员等更多的人展示儿童及青少年的能力和智慧。

三、导师开展教学的核心要素

在项目学习中，导师通常会发现能发挥自己的创造力去设计一个项目是很有趣的。导师通过设计一个项目，来引导学生去应对现实世界的挑战，或是深入探索一个有意义的问题。导师通常需要放弃一定程度的对于学生的控制，要做到的只是尽可能地相信学生能够做好。但这并不意味着导师不再教学了，他们需要在儿童及青少年开展项目学习的过程中，做以下几项工作。

（一）设计和计划

导师需要为学生设计一个完整的项目，其中项目驱动的问题、实施到完成的路径、关键的学习任务、学习的里程碑、作为脚手架的垫脚石、相关辅助资讯等,都需要提前加以设计和规划。当然,项目也需要有一定的自由度,而不是将每一个细节都牢牢规定好,需要在一定程度上允许学生的发声和选择。

(二)符合学习目标

导师应围绕学生的发展和学习目标来设计项目,同时契合学生的年龄和知识背景,以确保其学生能够在必要的知识和技能的基础上去解决问题。项目需要进一步帮助儿童及青少年发展和建构他们的知识系统和能力素养。

(三)建立文化

导师应当直接或间接地培养学生独立思考、独立解决问题、开放性询问、团队配合及追求精益求精的品质。

(四)管理项目

导师应同学生一起安排任务,制定进度表,设置关键节点和期限,查找和使用资源,制作产品并使其公开展示。导师可以辅助学生自主管理项目的进程,但对项目的进度也要加以管控。

(五)支持学习

导师应使用各种材料、工具和教学框架来支持所有学生达成项目目标,为学生设置必要的脚手架,设置任务里程碑和垫脚石。

(六)评估学习

导师对于学生学习的过程需要做出阶段性和总结性的评估。这些评估有助于学生及时获得反馈,优化项目的进度和完成质量,并促进对自我的认知。

(七)参与和辅导

项目学习的过程其实也是导师与学生一起进行学习和创造的过程,导师需要了解儿童及青少年的特点,他们何时需要技能培养,何时需要重新选择目标,并进行及时的鼓励和赞扬。

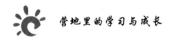

第四节 项目学习案例

在本节,我们将呈现一个适合在大自然营地中开展的完整的项目学习案例。这个案例的前七部分,呈现了案例的设计思路,回应了项目学习的特征和黄金准则,对于项目完成的流程、路径做了介绍。第八部分是供营地导师直接上手使用的引导方案和相关提示,方便其一步步引导学生完成探究的过程。营地导师也可以结合大自然中的真实场景和身边资源,对项目流程进行改编。

项目名称:来自大自然的灵感

一、项目基本情况

项目最终产品:学生创造并提出一个解决某一问题的仿生原型。

研究领域:自然科学。

时间:15～20小时。

年龄段:小学中、高年级及以上。

二、驱动问题

观察自然世界如何帮助我们找到解决人类问题的方法。

三、项目描述——大自然可以给人们灵感

学生通过探索植物和动物的结构和行为,来了解它们是如何保护自己免受危险或增加自己生存机会的。通过观察、建构、解释并结合先前的经验,学生为一个人类所面临的问题提出解决方案,这一方案的设计源于大自然的启发。最终学生将解决方案呈现给工程师或科学家小组。

四、该项目是否符合项目学习的黄金标准

(一)有挑战性的问题

孩子是天生的自然主义者,他们被吸引来观察周围的世界。从很小的

时候,动物和植物就会激发他们天生的好奇心。学生利用他们对环境的兴趣和他们与生俱来的观察与提问的能力,来探索动植物的特征如何使它们在环境中茁壮成长。在这个基础上,他们将自己的创造力应用到生物仿生学中,这是一种应用和迁移自然界中的解决方案来解决人类问题的过程。

(二)最终产品

学生识别人类面临的一个问题,设计并创建一个原型来解决这个问题,然后与工程师和科学家来分享这个原型。

(三)关键知识、理解和技能

学生将生物仿生学的概念应用到动植物的科学知识中,设计出解决问题的原型。学生描述仿生解决方案的特征,以及这些特征如何解决特定问题。

(四)真实性

在进化的过程中,动植物已经发展出适合它们在环境中生存的特征和行为。一些特征与行为保护动植物自己免受危险的捕食者和环境的伤害,而另一些则帮助它们更有效地寻找食物或建造庇护所。早在有"仿生学"这个词之前,人类就已经适应并应用人类在自然界中观察到的东西,来解决人类所面临的问题。这个项目能激发学生对自然环境的兴趣,特别是动植物,以及他们解决问题和帮助他人的内在欲望。学生应用仿生学及迁移工程设计的过程,为人类所面临的实际问题设计并分享解决方案。学生还可以向成人专家小组提出建议。

(五)持续的调查

该项目的许多方面都涉及由学生的观察所引发的提问和回答。学生在开始提问时,会反复自我叩问"我注意到了什么"及"这对我的思考有什么影响"。当学生使用他们发现的答案来开发新的领域或新的问题时,探究就会继续下去。例如,"这教会了我什么关于自然世界的认识"及"我如何使用这些新知识来解决人类世界的问题"。

(六)学生的声音和选择

每个学生选择一个真实人类面对的问题,并使用仿生学创造一个潜在

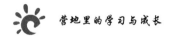

的解决方案。学生自始至终具有选择项目发展方向的权力。

（七）批判和修正

有3个特定的时刻，批评和修改是必不可少的：当选择某一自然结构供重新设计以服务人类使用时，当识别人类的问题和确定潜在的解决方案时，以及当创建最终设计时。这些时刻，学生要接受外界的反馈，以优化项目。

（八）反思

反思嵌在每一块"垫脚石"环节上。尤其重要的时刻是在学生收到对他们项目设计的评论之后，以及在他们开始修改的过程之前。学生将反思关键内容和技能，他们的设计过程，他们的创作质量，他们对团队的贡献，以及他们的团队作为一个团队的有效性。这些反思将会推动项目不断发展前进，也会带来个人的成长与进步。

五、核心知识——探索生物仿生学

（一）仿生学的定义

仿生学是模仿动植物的生物结构、物理特征或行为来解决人类问题的学问。仿生学基于这样的假设：解决复杂工程问题的复杂系统已经广泛存在于自然界中，如树将水移动到近百米高空中的方式，蝙蝠可以在完全的黑暗中找到猎物的方式，或翠鸟滑行通过空气和水的方式。仿生学要求人们以不同的方式思考自然和人类所面临的相似问题，以及相似问题的解决模式。

（二）生物学作为灵感

仿生学的研究跨越了传统教育发现的界限，为儿童及青少年提供了一个将艺术、文学和科学融合在一起的机会，使他们具有创造性和创新性。在整个项目中，学生将面临一个挑战，即思考如何利用自然界的适应性来解决人类所面临的问题。

这个主题也提供了一个在户外学习的机会——看、听、闻是探索大自然的重要工具。请记住，导师为学生选择的例子将影响他们如何创造性地发展出解决方案。

六、项目路径、关键里程碑和垫脚石说明

项目路径说明了基于项目、基于能力的学习过程。

项目里程碑有助于澄清从启动阶段到呈现阶段的学习路径，促使学生通过一个渐进的过程来建构新的知识和技能，并应用他们的新知识和技能来开发、评价和改进他们的产品。项目路径和项目里程碑为项目设计和实施提供了具体而灵活的结构。

（一）出发探寻

里程碑1：学生探索项目并提出一系列需要知道的问题（need to know，NTK）。

垫脚石1（引子事件）：学生被一个简短的朗读材料和一个关于仿生学的视频所吸引。

垫脚石2（项目预览）：向学生介绍对最终产品的期望。

垫脚石3（探索驱动问题）：学生观察、思考自然界如何创造性地解决问题。

（二）建构知识

里程碑2：学生学习和应用观察的技能。

垫脚石1（探索观察过程）：学生学习如何准确地观察和描述他们看到的和注意到的生物。

垫脚石2（通过观察学习）：学生练习他们所学到的观察技能。

里程碑3：学生探索仿生学的概念，并探究人类如何利用观察、模仿自然界来解决问题。

垫脚石1（仿生学的模仿）：学生学习仿生学是什么意思。

垫脚石2（仿生学的实际应用）：学生通过头脑风暴，选择一个可能通过仿生学来解决的人类的问题。

（三）发展和评论

里程碑4：学生设计一个仿生原型来解决里程碑3中所选择的问题，并准备展示他们的原型。

垫脚石1(形成创意):学生通过头脑风暴想出一个解决上述人类需求或问题的仿生方案。

垫脚石2(原型设计):学生设计原型产品,并考虑听众的关切点。

垫脚石3(草案实践):学生起草他们的仿生设计汇报。

里程碑5:学生给予和接收反馈,利用反馈改进他们的工作。

垫脚石1(给予并接收反馈):学生提供和接收反馈,以开发适合其目标听众的最终产品。

垫脚石2(修改方案):学生根据同伴和专家的反馈,修改他们的仿生解决方案和汇报。

(四)呈现

里程碑6:学生向听众展示他们的最终解决方案,并对他们的学习进行反思。

垫脚石1(准备):学生演练最终呈现的汇报。

垫脚石2(呈现):学生向目标听众呈现他们的最终产品。

垫脚石3(反思):学生和老师反思最初设置的"需要知道的问题",他们目前对仿生学的理解,以及他们的项目工作质量。

七、项目最终产出的复杂程度

项目的最终产出可以是低复杂性的,也可以是高复杂性的,这取决于给予学生探究的时间限制、项目预算、学生的技能和舒适区等因素。导师可以参考表4-1中的3个方面,做出项目复杂程度的定位。

表4-1 项目复杂程度的决策参考

决策点	低复杂度	中复杂度	高复杂度
主题选定	所有的学习小组都致力于解决相同的问题,但每个小组都创建了不同的仿生解决方案	学生从有限的问题列表中进行选择,这些问题可以由老师提供,也可以通过集体讨论的方式缩小范围	学生从自己头脑风暴的问题列表中选择要解决的问题

续表4-1

决策点	低复杂度	中复杂度	高复杂度
产出内容	学生画出原型并解释说明	学生使用可用的材料（如黏土、泡沫板、纸等）创建他们的解决方案模型	学生创建解决方案的真实工作原型或模型
听众	学生向学校、社区呈现解决方案的原型或模型	学生将他们的原型展示给专家（如高中科学教师）或在科学或工程领域工作的家长	学生将他们的原型展示给社区外的专业工程师或科学家，可以是亲自展现，也可以是以虚拟的形式呈现

八、供导师参考的项目学习引导方案

▲里程碑1：学生探索项目并提出一系列需要知道的问题（NTK）

1.里程碑说明　这个里程碑是进入大自然的入口。学生通过观察和讨论仿生学的例子，开始探索项目的驱动问题：观察自然界如何帮助我们找到解决人类问题的方法。学生将会看到人类技术和解决方案的设计灵感是如何来自大自然的。

每一个优秀项目的引子事件都创造了一个机会来开始一个探寻周期，让学生自我驱动去探寻NTK。受自然界的启发，学生的问题可能涉及：仿生或模仿的意义，一般学习和从自然界中学习的区别，以及为什么科学家、工程师和设计师会求助于自然界来帮助解决人类的问题。

导师一定要尊重所有的问题，因为这关乎学生确定的项目方向，同时密切关注学生可能对概念有潜在的误解或误区。

2.垫脚石课程　当导师设计这一里程碑的课程时，导师要考虑以下3个垫脚石来帮助指导工作（表4-2）：引子事件、项目预览和探索驱动问题。出发探寻阶段的课时不长，但这3个垫脚石的课程都涉及周密决策、规划和素材开发。

表4-2　里程碑1的垫脚石任务

	描述	想要的结果	可能的样子
垫脚石1(引子事件)	用有吸引力的经历创造话题,提供背景,获取先前的知识,发掘学生的兴趣、好奇心和价值观	**火柴,点燃** 学生参与了一个引人入胜的共享经验,对来自大自然的灵感项目感到兴奋	导师通过大声朗读案例向学生介绍该主题,然后播放视频,用视觉效果强化学生所学的内容,将仿生学的抽象概念与具体的例子联系起来。然后,学生观察一个活的有机体,旁边是一个模仿有机体的产品
垫脚石2(项目预览)	向学生介绍对最终产品的期待	**项目,关联** 引子事件与最终项目产出之间的联系是完全清晰的。预先沟通基本的项目预期	导师和学生了解项目描述、指导方针
垫脚石3(探索驱动问题)	学生获取和评估先验知识,并提出自己的问题。学生用自己的问题来建构对项目核心驱动问题的探究	**探寻,出发** 学生有机会提出自己想问的问题,当学生开始与项目驱动问题联系起来时,问题就会激发天生的好奇心:观察自然界如何帮助人们找到人类问题的解决方案	学生生成自己的NTK列表,并记录下来

　　3. NTK 的例子　探索 NTK 这个过程对项目是至关重要的。它帮助学生激活先验知识,并识别自己感兴趣的问题进行探索。以下这些问题是关于这个项目可能会问到的问题(下文"你"指代学生,表示对学生的询问)。

（1）了解自然：主要包括以下几个方面。

·什么是有机体？

·是什么使一种生物独一无二或与其他生物不同？

·一个有机体需要什么才能生存？

·有机体环境的潜在危险是什么？

·什么特征有助于有机体在其环境中生存？

·为什么有机体适应它们的环境？

·有机体如何适应它们的环境？

（2）向自然学习：主要包括以下几个方面。

·仿生或模仿是什么意思？

·为什么人类会利用自己在自然界中看到的东西来解决问题？

·你能从这种生物适应环境的方式中学到什么来帮助解决人类问题？

·你在世界哪些地方已经见过人类模仿自然？你在自己的社区或学校见过人类模仿自然吗？

·你想要模仿哪些生物？模仿这种生物对人们有什么帮助呢？

·人们常面临什么危险？其他生物也面临着同样的危险吗？这些生物如何在这些危险中生存？

·创造一种模仿自然的东西有什么挑战？

·你如何选择用于设计的材料？

·你的设计如何模仿自然？你的设计是如何起防御或保护作用的？

（3）提示导师准备好帮助学生重新措辞或重新组织一些有误区的问题。例如，学生可能相信个体生物自主决定长出刺或壳来保护自己免受危险。学生也可能不熟悉进化的机制和概念，如随时间适应或变化。虽然学生不需要学习这些高级的主题，但导师可以帮助学生正确理解生物体的物理特征是如何产生的。

4.出发探寻阶段的引导话术（下文"你"指代学生，"我"指代导师，表示对学生的询问）

（1）引子事件。引导语："你有没有想过为什么会有这么多不同种类的动物？在你的生活范围内，你可能见过几十种不同的鸟。蜂鸟很小，有些长着和身体一样长的喙。土耳其秃鹫的翅膀非常宽,甚至比你还高。鹈鹕有可以从水里捞鱼的嘴。鹰可以俯冲下来,从田野里抓起老鼠。这些都是鸟,它们有不同形状的躯体、翅膀、喙和脚。在你生活的地方,你还会找到老鼠、鼹鼠、松鼠、浣熊、狐狸甚至鹿和土狼。当然,还有很多的昆虫。那么为什么会有这么多不同种类的生物呢?

"我希望你去想想是什么让一种动物与另一种不同,即使它们可能看起来很相似。我们将思考这些差异如何让动物能够通过不同的方式来解决问题,例如,如何保暖? 如何寻找足够的食物? 如何逃离捕食者?"

(2)项目预览。引导语:"我们的项目将从观察开始,深入思考我们所看到的,通过探索提出问题,做出有根据的猜测,从我们周围的动植物中学习。我们将研究有生命的生物——动植物——是如何发展出身体特征和行为来解决它们所面临的生存问题的。

"接下来,我们将用那些我们熟悉的生物作为灵感。我们将确定一个自己想要解决的人类问题,并利用我们从大自然中学到的知识来创造自己的解决方案。一旦我们完成了这个过程,我们将把自己的最终产品展示给一些问题解决专家。"

(3)探究项目驱动问题。引导语:"在这个项目中,我们将探索我们的核心驱动问题:观察自然世界如何帮助我们找到人类问题的解决方案。"

(4)探索NTK。引导语:"让我们总结一下我们刚才讨论分享的知识,关于我们周围动植物的形状、结构和行为,你已经知道些什么? 你知道它们是如何在环境中生存或保护自己免受危险的吗? 我们需要从这些动植物身上了解或学习什么信息来创造性地解决人类问题?"

(5)尾声。引导语:"在这个项目结束时,你们都将成为创造者和发明家。你们必须勇敢,敢于冒险,用新的方式看待事物。你们将以一种能让自己从中学习并受到启发的方式观察自然。你们将不得不采取一种新的思维方式和解决问题的方法,并一起工作来确定和解决一个可以帮助许多人的问题。"

▲里程碑2:学生学习和应用观察的技能

1.里程碑说明 在这个里程碑中,学生开始学习核心驱动问题的前半部分:观察自然世界。学生探索如何利用身边的一切来解决问题。要做到这一点,学生必须理解并实践观察——深入观察,超越显而易见的东西,看到有机体的复杂性,从而理解有机体是如何让自己在环境中生存或茁壮成长的。第一块垫脚石将启动并加深学生对"观察"作为一个过程的理解。第二个垫脚石,学生利用观察来了解自然知识,并向自然学习。学生解释其看到的事物,然后把其观察到的和从中学习到的关联起来。学生超越了"信息是什么"层次,来到了"推断为什么"层次。

营地导师为这一里程碑设计课程时,需要思考如何帮助学生理解如下问题:虽然人类通过"设计"来解决问题,但其他生物不会"设计",它们的物理结构或行为也不是被"设计"来解决问题的。

2.垫脚石课程　里程碑2的垫脚石任务见表4-3。

表4-3　里程碑2的垫脚石任务

	垫脚石1:探索观察过程	垫脚石2:通过观察学习
学生将能够……	运用观察技能来谈论和描述一个生物体的结构和功能设计	描述观察到的一个生物体的物理结构,然后假设这个结构如何及为什么能帮助这个生物体生存
活动的创意	班级整体,创建一个图表,标题为"一个好的观察者总是……"让学生练习观察并评论被观察的对象	混合搭配游戏:一种将生物照片与描述物理结构的适当形容词相匹配的游戏 在班级内,让学生观看不同生物的照片,并完成"如果我是……我就能……"这个句子,根据生物的功能设计来命名这些生物可以做什么
反思与总结的提示("你"指代学生,表示对学生的询问)	你怎么知道有人在观察而不是在无目的地看?什么是观察者?观察者采取什么行动?当你观察自然界中的生物时,应该问自己什么问题	你如何从观察中学习?当你可以安全地观察时,为什么调动你所有的感官去观察很重要呢?

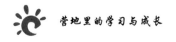

续表4-3

	垫脚石1:探索观察过程	垫脚石2:通过观察学习
过程性评价	学生写两个简短的科学家的故事或创造两个图片,其中一个科学家使用良好的观察技能,另一个科学家不使用良好的观察技能	导师向学生展示生物的照片。学生完成一张学习表,上面写着"我看到一个……我注意到它有/是/看起来……我认为这对这种生物有帮助,因为……"
反馈与支持的建议	学生应该在观察过程中学习一些关键词、短语和词汇。利用这些学习活动来帮助学生具体地识别过程和内容。导师可以通过观察来调整活动,让学生专注于学习	导师要确保学生理解并内化其参与最终项目时所需的重要概念

3. 提示

(1)垫脚石1(探索观察过程):对学生来说,把自己定义为通过观察大自然来学习的科学家是很重要的。如果很多学生没有像科学家一样观察的经验,那就设计1~2堂课让他们练习观察,然后把这些经验整理出来。

通过绘本和文本来探索自然也是很重要的。让学生沉浸在图片、图像和围绕这个过程设计的活动中。这是一个极好的机会,教学生使用感官语言来描述所观察到的东西。

正如在出发探寻阶段一样,导师可以利用叙述的力量来帮助学生理解观察的意义。学生可以讲述成为一个好的观察者意味着什么。这可以是一个简短的书面叙述的形式,甚至是一个简单的漫画。讲故事可以帮助学生将良好的观察能力变成现实。

(2)垫脚石2(通过观察学习):确保为学生提供尽可能多的实践机会,让其练习观察和接收对技能的反馈。触摸、感觉、与自然和环境联结对这个项目来说是至关重要的,这些将建立学生的兴奋感和参与感。

当学生观察时,他们无疑会对他们所看到的有很多疑问。一定要同时帮助他们回答"是什么"和"为什么"的问题。"为什么"问题是学生练习推断和假设的好机会。不要犹豫,导师把"为什么"问题反过来问学生,例如,"为什么你认为你看到的是这样的?""你认为这满足了什么生存需要?""你怎么知道那是对的还是错的?"

当要求学生反思时,导师要继续强调学生要像科学家一样观察事物,在学生看待事物和创造一种新的"看"的方式时要精确。

学生在离开这节课的时候应该感受并理解生物的多样性,不同种类的动植物之间的差异使它们能够满足特定的生存需求。

▲里程碑3:学生探索仿生学的概念

1. 里程碑说明　在这个里程碑,学生将探索仿生学的概念,然后考虑如何应用它来解决一个他们确定的问题。在第一个垫脚石,导师需要设计一系列的课程来帮助学生定义仿生学,使用学术和学生友好的语言,以及视觉上的例子。在第二个垫脚石,学生努力找出他们可以应用仿生学的情形。导师设计课程的时候,考虑一下如何能激发学生的头脑风暴,让学生去开发和解决那些需要通过仿生学来解决的问题。

2. 垫脚石课程　里程碑3的垫脚石任务见表4-4。

表4-4　里程碑3的垫脚石任务

	垫脚石1:仿生学的模仿	垫脚石2:仿生学的实际应用
学生将能够……	定义仿生学,并识别仿生学的例子	确定一个可以通过仿生学来解决的问题
活动的创意	创建一个新的模式。如果导师在之前的里程碑已经创建了一个模式,可进一步将其扩展到包含问题、自然界中的解决方案和一个仿生学的案例中 思维导图:同时使用语言和图像信息	头脑风暴:人类面临的哪些问题可以通过仿生学来解决 比较和对比:注意生物体和仿生学之间的差异与注意其相似性同样重要

续表 4-4

	垫脚石1:仿生学的模仿	垫脚石2:仿生学的实际应用
反思与总结的提示("你"指代学生,表示对学生的询问)	为什么要观察和模仿大自然?为什么人类要用大自然的设计来解决问题?为什么与人类不同的生物还能启发人类呢	你最感兴趣的需求或问题是什么?为什么是这个 你学到了什么让自己完全吃惊的事物 你如何说服同伴相信你选择的问题是最重要的、要去解决的问题
过程性评价	提供设计理念的例子,有些是仿生学的,有些不是。让学生决定他们是否认为该设计涉及仿生学。如果设计包括仿生学,学生解释为什么它是仿生学	思维导图:潜在的问题及其解决方案
反馈与支持的建议	有困难的学生仍然可以理解和应用他们正在学习的概念。导师要为他们提供更多的参与机会和口头表达机会,而不是把精力消耗在让他们把想法写在纸上。导师让学生把自己看到的仿生学的例子分成不同的类别,有些比较容易看到和理解,有些比较创新和复杂。确保每个活动都有一个所有学生能成功参与的切入点	从学生更熟悉的问题开始,如受伤保护、自卫,或寻找和收集资源。这将会引发更复杂的生物仿制品,例如,在飞机设计中模仿鸟的形状,或者受鲨鱼皮启发为运动员设计泳装

3. 提示

(1)垫脚石1(仿生学的模仿):这个环节为学生提供了许多机会来练习识别仿生学的例子。具体来说,让学生命名并描述一种有机体的功能,然后将其与他们看到的世界中的一项发明或创造进行匹配。使用视频、幻灯片、照片和在线资源将有更好的效果。将发明与自然现象相匹配,让发明家和设计师谈谈他们的发明过程也将有助于这种匹配。

学生在本环节遇到的很多概念对他们来说都是新的。导师可以做一个术语墙,或者把学生应该知道的所有术语和定义列在一个清单上。

学生也可以把他们自己找的仿生学例子与其他同学分享。

(2)垫脚石2(仿生学的实际应用):在以前的课程中,学生了解到生物有机体的某些特征使它们能够在它们的环境中生存并满足它们的需求。在这个垫脚石环节,课程应该帮助学生识别人类与其他生物共享的需求,或识别人类所面临的那些可以通过观察大自然来解决的问题。回顾里程碑1出发探寻阶段NTK是此垫脚石的良好开端。

继续扩展和关注学生的NTK:例如,哪些问题可以通过仿生学来解决?在自然界中人类可以在哪里寻找解决方案?自然界的什么结构和形式让人们联想到人类所面临的问题?

在这个垫脚石结束的时候,这门课应该已经产生了一个学生想要用仿生学来解决的潜在问题的最终列表。这份清单应该在导师的精心指导下制作,以确保所有学生都能参与到项目中。

▲里程碑4:设计仿生原型并准备展示

1.里程碑说明 在这个里程碑中,学生将综合他们所学的知识,针对他们所选择的需求或问题提出解决方案。协作式的头脑风暴是学生探索这项工作的关键,学生团队需要开发一些标准来评估一些想法,并做决策。导师帮助学生发展一些策略以确保每个人都被倾听,让每个人都觉得小组是公平的。这一里程碑将包含合作、分享想法和相互倾听。即使学生熟悉小组工作或团队合作,导师仍然需要让学生知道小组合作的规则,以让他们能聚焦在学习上,从而有更多收获。

2.垫脚石课程 里程碑4的垫脚石任务见表4-5。

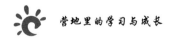

表4-5　里程碑4的垫脚石任务

	垫脚石1:形成创意	垫脚石2:原型设计	垫脚石3:草案实践
学生将能够……	集思广益,想出一个仿生学解决方案,回应人类的问题	设计产品时能考虑听众和目的	为最终的仿生作品准备一份口头报告
活动的创意	帮助学生识别一个问题和潜在的解决方案	让学生构建一个模型或原型 让学生通过图像解决问题	班级集体讨论一个大纲,学生用这个大纲生成口头报告,大纲如下:①你最需要与听众交流的信息是什么? ②对于自己的项目,你想说什么? ③项目应该附带哪些重要信息? ④如何分配演讲角色? ⑤你现在对自然的了解有哪些是你以前不知道的? ⑥你如何向一个对仿生学一无所知的人解释它? ⑦这次经历如何改变了你现在思考和看待周围自然的方式? ⑧在这个项目中,你最喜欢的是什么? ⑨这个项目最具挑战性的部分是什么
反思与总结的提示("你"指代学生,表示对学生的询问)	你如何评估你的潜在解决方案?为什么你选择了这个问题作为进一步发展的对象 你是如何进行头脑风暴的?你注意到了你的哪些想法 你最糟糕的主意是什么?为什么不好呢?它是从哪里来的?你能做出什么改变让它变成一个更好的主意	跟专业的工程师相比,你的设计过程如何?跟他们有哪些相似之处 给那些即将开始设计问题解决方案原型的人写下三点提示	
过程性评价	让学生撰写一份广告,将方案推销给别人	实施一次路演,学生在课堂上展示想法,每个学生展示想法的时间不超过2分钟	导师准备口头报告的评价标准。这个评价标准基于学生演讲的组织和结构

3. 提示

(1)垫脚石 1(形成创意):示范是引导学生完成形成创意过程的有效方法。导师可利用发现的问题,为学生示范如何将问题、潜在的解决方案和从大自然中获得的灵感联系起来。导师还可以对生成和应用评价标准进行示范,以评估潜在的解决方案。导师利用这一机会,利用学生的输入,开发一个评估潜在解决方案的标准,以指导学生团队开发自己的解决方案。

这个垫脚石课程给了学生真正发挥创造力的机会。有些学生会很自然地接受它,而有些学生会努力寻找"正确的"答案,有些学生会在没有评估其他可能性的情况下过早地决定一个解决方案。这里有一些给学生的提示可以帮助探索和刺激学生在这个阶段的思考:你想解决什么问题? 还有哪些动物或植物面临着同样或类似的问题? 你考虑过其他的解决方案吗? 你是如何决定哪个解决方案是最好的? 你是如何决定哪个问题是最重要的?

(2)垫脚石 2(原型设计):学生将如何建立解决方案的原型? 有许多方法可以创建廉价的原型。考虑时间的限制和学生将要处理的大量可能的问题和解决方案,创建解决方案的可视化呈现可能是最可行的方法。其他的选择是使用泡沫块、纸或纸板等。无论学生为原型设计选择什么,一定要把重点放在实用性上,而不是艺术性上。

(3)垫脚石 3(草案实践):根据不同的学生、不同的时间、不同的资源,可以选择不同的演讲模式。导师需要决定演讲的模板和细节,并清楚地呈现给学生。给他们时间在同伴面前练习,或者记录下来,这样他们可以在反馈之前进行自我反馈。

▲ 里程碑 5:反馈和改进方案

1. 里程碑说明　在这个里程碑,学生将进入反馈和改进的循环,以完善他们的原型。他们不仅受益于师生会议,也受益于同伴会议。

导师可以从以下两个方面对学生的原型作品进行反馈和修改。一是对原型的反馈,应集中在原型如何解决学生着手解决的问题上。二是对方案呈现效果的反馈,应集中在学生与听众的沟通上。将两个部分分开进行,并针对每个方面进行小课堂教学,这将使学生在一起进行最后的演示之前,能够将注意力聚焦在每个细节上。

2. 垫脚石课程　里程碑 5 的垫脚石任务见表 4-6。

表 4-6　里程碑 5 的垫脚石任务

	垫脚石 1:给予并接收反馈	垫脚石 2:修改方案
学生将能够……	提供和接收反馈以改进自己的作品	根据同伴和专家的反馈修改仿生学方案和呈现方式
活动的创意	分享创意;草拟反馈;提供和接收反馈	整合反馈并改进
反思与总结的提示("你"指代学生,表示对学生的询问)	你从同伴那里得到的反馈与从导师和专业人士那里得到的反馈相比,有哪些共性和区别 你收到的最有用的反馈是什么?你将如何在最终产品中用到这些反馈	你对原型的主要调整是什么?你的演讲呢?这些变化如何影响你的整体产品?你的团队如何决定进行哪些更改及由谁进行更改?为什么跟小组一起讨论改进很重要
过程性评价	创建一个 T 形图,其中一边是建议的更改,另一边是更改的总体效果 选择三点给到你的反馈,为什么你认为它们有助于改进你的方案	完成一份保留修改痕迹的方案。对比修改之前和之后的情形
反馈与支持的建议	帮助学生给予和接收反馈	将反馈记录下来或写下来,以便学生能随时了解,这是很有帮助的。反馈表单在这方面可能会有帮助

3. 提示

(1)垫脚石 1(给予并接收反馈):反馈虽然有用,但有时也会让人感觉消极。在过程开始时为反馈设置规范将有助于减少不适。让学生参与制定这些规范,将加深他们的参与,并确保他们的关注得到倾听。

集中反馈的一个方法是给学生提供句子提示,例如,"我注意到一件事……""我想知道更多关于……""你能解释一下……吗?"以便学生在反馈时使用。

学生将在这个垫脚石课程上练习给予和接收反馈,但为了做到这一点,他们需要分享自己的方案。建议方案以小组形式进行分享,这样学生将有机会讨论和提问。

导师示范如何反馈才能让学生理解什么是所期望的。导师可以和一个学生在圆圈的中心示范,示范后,正式反馈时让在中心的学生进行反馈,外面的学生记录并分享他们的观察。

(2)垫脚石2(修改方案):这一垫脚石课程是让学生应用所得到的对展示和原型的反馈。因为学生是在团队中工作,所以来自团队外部的反馈打破他们的工作方案将更容易。当然,并不是所有的反馈都必须包含在最终方案中,决定接收什么反馈和拒绝什么反馈的练习将会很有帮助。一套指导问题可以帮助学生做出这些决定。如果学生选择拒绝特定的反馈,对他们来说,记录他们对这个决定的想法是很有价值的。请记住,修改和编辑是不同的实践。

专家的反馈对学生来说是一笔宝贵的财富,因为学生可以改进自己的工作。专家可以来自不同的领域——写作、工程学、公共演讲等。此外,来自非专家的反馈和问题也是无价的。

▶里程碑6:呈现最终方案

1.里程碑说明　这个里程碑有3个垫脚石课程:准备、呈现和反思。这3种方式都是必不可少的,因为它们既为学生提供了真实的体验,让学生把自己的知识运用在设计上并带到这个世界,也让他们反思自己所学到的知识,为未来的项目和学习提供启示。

导师在计划课程来帮助学生准备时,应该考虑一下如何支持学生努力达到一个更高的水平。在展示呈现中,导师要考虑任何可能出错的事情,并相应地进行计划。对于反思,导师要试着创造一个开放的、深思熟虑的、平静的时刻,让学生向内、向后、向前看。

因为学生比较年轻,导师必须平衡自己提供的脚手架和支持。导师对自己的期望越清楚、越明确,则看到的结果就越好。在此里程碑期间,导师要示范和演示,这将有助于提高最终呈现的效果。

2.垫脚石课程　里程碑6的垫脚石任务见表4-7。

表4-7 里程碑6的垫脚石任务

	垫脚石1:准备	垫脚石2:呈现	垫脚石3:反思
学生将能够……	与团队成员一起练习他们的演讲,为听众做准备	向学校和社区的听众介绍他们受大自然启迪所完成的设计项目	反思他们最初的NTK、他们当前的理解、他们最终创作的质量,以及他们对班级和听众的演讲效果
活动的创意	组织活动,包括排演、计划、时间表、行动指南等。确保及时反馈,以便学生可以做出必要的改变	学生呈现	掷骰子:特别是对于较年轻的学生,把反思性的问题放在骰子上是一个有趣的、增强学生反思性体验的方式。学生会很兴奋地期待什么时候会轮到他们分享,导师可以给学生诚恳而周到的回应
逻辑	仔细考虑项目将在哪里以何种方式呈现。学生将会以什么顺序发言。让学生反复练习几次,以便所有的学生都知道并理解听众对他们的期望	尽可能多地让学生参与报告呈现。可以分配角色,尽可能让每个学生都有机会上台	给学生提供反馈的语言,如"我很惊讶当……""我还在想……"

3.提示

(1)垫脚石1(准备和演练):导师根据学生的需要来安排这个准备的阶段,确保学生理解这种准备应该是什么样的,以及他们为什么要花时间来做这件事。导师在课堂示范时,学生知道要做什么,以及这个过程应该是什么样子的。学生进行角色扮演,可以让他们明白期望,知道期望是什么,并通过他们的感受来交流,这最终会让学生在活动当天取得巨大的成功。

导师让学生谈论他们的感受(因为大多数人站在观众面前讲话时会感

到紧张或焦虑），预测在他们的"大日子"里会发生什么，并且对可能的策略进行头脑风暴，以抵消紧张或害怕的感觉。

（2）垫脚石3（反思）：对于较年轻的学生来说，反思可能颇具挑战性。然而，如果他们被问到正确的问题，并被指导如何分享他们的想法时，他们的回答可能会非常深刻，并对课程的整体理解有重要的贡献。导师要让学生有机会对产品和事件反思，以及反思从观察自然，到从自然中学习，再到体验仿生学的过程。在这个过程中，重点是NTK，要求学生使用他们的新知识来评估他们的思维在整个过程中是如何改变的。

为了对演讲进行反思，导师可以问学生一些问题，这些问题可以深入到他们对演讲本身及在演讲过程中的感受。对于较年轻的学生来说，当他们通过活动而不是通过直接的问答形式来体验反思时，反思往往会发生得更真实。

参考文献

［1］陈晓,王博,张豹.远离"城嚣":自然对人的积极作用、理论及其应用［J］. 心理科学进展,2016,24(2):270-281.

［2］顾璇,王博,黄碧钰.儿童活动空间的去自然化及自然环境的教育价值［J］.南京林业大学学报(人文社会科学版),2020,20(1):79-88,114.

［3］胡佳怡.真实性:项目式学习的本源［J］.中国教师,2019(7):77-79.

［4］理查德·洛夫.林间最后的小孩:拯救自然缺失症儿童［M］.自然之友,译.长沙:湖南科学技术出版社,2013.

［5］苏西·博斯,约翰·拉尔默.项目式教学:为学生创造沉浸式学习体验［M］.周华杰,陆颖,唐玥,译.北京:中国人民大学出版社,2020.

［6］约瑟夫·克奈尔.共享自然:每个孩子都喜欢的自然学习法［M］.张琦,吕剑,译.武汉:湖北科学技术出版社,2018.

［7］赵一晓.卢梭《爱弥儿》中"自然教育观"的解读［J］.创新教育研究,2016,4(3):117-122.

［8］ASHBY J S,KOTTMAN T,DEGRAAF D G. Active interventions for kids and teens:adding adventure and fun to counseling［M］. Alexandria, VA: American Counseling Association,2008.

［9］BANNING W,SULLIVAN G. Lens on outdoor learning［M］. St. Paul,MN: Redleaf Press,2010.

［10］CAIN J H, CUMMINGS M, STANCHFIELD J. A teachable moment:a facilitator's guide to activities for processing, debriefing, reviewing and reflection［M］. Dubuque,IA:Kendall/Hunt Pub,2005.